SV

Tilmann Moser
Mutterkreuz und Hexenkind

Eine Gewissensbildung
im Dritten Reich

Suhrkamp

1. Auflage 1999

Druck: Nomos Verlagsgesellschaft, Baden-Baden
Printed in Germany
1 2 3 4 5 6 – 04 03 02 01 00 99

Mutterkreuz
und Hexenkind

Die traurigen Männer mit den kahlgeschorenen Köpfen gehen jeden Tag im Kreis herum. Sie sehen ganz anders aus als die deutschen Männer, die nicht im Krieg sind. Sie haben häßliche Kleider an. Sie müssen immer hinter einem hohen Zaun bleiben; sie werden bewacht von Männern mit Gewehren, die haben schöne Uniformen an. Und es gibt Hunde und Wachttürme. Der Garten hinter dem Haus, in dem wir wohnen, liegt neben dem Zaun. Wenn ich genug gespielt habe, gehe ich manchmal zum Zaun, wo die Männer aus dem Haus geführt werden, auch wenn Mama das nicht will. Sie sagt, das große Haus mit den hohen Mauern darum herum ist ein Gefängnis. Jetzt wohnen Russen darin und andere Kriegsgefangene, die böse sind. Offiziere vom Feind.

Einmal, als ich mit einem Apfel am Drahtgitter stehe, kommt ein Mann zu mir an den Zaun, ich erschrekke, will weglaufen, er sagt aber nur: »Abbeißen«, da bin ich froh, weil er es nicht böse sagt, sondern freundlich, und ich lasse ihn beißen. Da wird er auch schon von einer häßlichen Stimme zurückgerufen.

Mama hat uns beobachtet, denn als ich später hochgehe zu ihr, fragt sie: »Warum hast du ihm denn nicht den ganzen Apfel gegeben?« »Aber er wollte doch nur abbeißen«, sage ich, und verstehe nicht: Warum will sie, daß ich einem Mann, von dem sie sagt, er ist böse, den ganzen Apfel gebe, wenn er das gar nicht will? Und ich glaube ihr nicht mehr, wenn sie sagt, die Männer hinter dem Zaun sind böse. Sie spricht mal so und mal so. Hoffentlich stimmt es, wenn sie sagt, ich werde bald sechs Jahre alt. Vielleicht ist der Krieg dann schon zuende.

*

Unser Garten läuft nicht nur am großen Zaun entlang, er geht bis hinunter zur Elbe. Im Winter können wir an dem Abhang Schlitten fahren, mein älterer Bruder und ich. Die Schlitten halten immer von selbst an auf der ebenen Fläche zum Wasser hin, wenn der Schnee hoch und weich ist. An einem sehr kalten Tag schwimmen auf der Elbe große Eisbrocken. Größere Kinder als ich springen auf den großen Eisblöcken hin und her und haben keine Angst, obwohl Mama sagt: es ist verboten. Der Schnee auf dem Abhang zur Elbe in unserem Garten ist an diesem Tag ganz hart. Mein Bruder fährt voraus und bremst und winkt von unten nach mir. Mein Schlitten saust, ich schreie vor Vergnügen, kann nicht mehr halten und stürze in das eiskalte Wasser, bin starr vor Schreck, schlucke und spucke, gehe unter und komme wieder hoch. Der Mann, der von meinem Apfel abgebissen hat, sieht mich und schreit um Hilfe. Männer mit Gewehren ziehen mich heraus. Mama ist blaß und spricht nicht mit mir, als ich in die Wohnung getragen werde. Einer der Männer schimpft mit ihr. Es ist der Gefängnisdirektor. Wir wohnen in seinem Haus. Ich zittere und weine, und sie tut mir leid, weil ich so ein schlimmes Kind bin.

Nach ein paar Tagen bin ich wieder gesund und darf aufstehen. Mama sagt: »Vielleicht hat der Mann in Rußland auch Kinder, weil er so genau hingeschaut hat.« Sie sagt, er hat vielleicht mit Sehnsucht auf euch geschaut. Er hat dich gerettet. Sie sagt jetzt nicht mehr, daß er böse ist. Als der Krieg aus ist und die russischen Soldaten mit Panzern und Gewehren und Pferden kommen, gehen die Männer mit den kurzen Haaren nicht mehr in den großen Hof. Ich glaube, der, der mich gerettet hat, ist jetzt wieder in Rußland bei seinen Kindern.

*

Weil für die Mama aber die Russen mit Gewehren böse sind, vor allem zu den Frauen, müssen wir aus dem Haus und dem schönen Garten weg. Papa ist ja auch im Krieg, und niemand weiß, wo er jetzt lebt, wenn der Krieg aus ist. Mama packt viele Sachen auf einen kleinen Leiterwagen. Meine Puppe darf nicht mit, aber Töpfe und Decken und was zum Essen. Wir gehen jeden Tag stundenlang, sie sagt nach Westen, zu den Amerikanern, an den Rhein, wo wir früher gewohnt haben. Manchmal denke ich, die Reise ist nie zu Ende. Mama geht so tapfer und stark wie ein Pferd vor dem Wagen, viele viele Tage lang. Ich finde die große Reise manchmal lustig, vor allem, wenn ich oben auf dem Leiterwagen sitzen darf. Wir schlafen an allen möglichen Orten, oft auch im Heu, manchmal im Wald. Als wir schwarze Soldaten sehen, sagt Mama: »Jetzt sind wir gerettet.« Das verstehe ich nicht, ich habe Angst vor ihnen.

Wenn Mama auf mich wütend ist, schreit sie: »Du Nervensäge, das verdanken wir doch dir!«, und ich fange an zu weinen, verstehe sie aber nicht. Meine Geschwister sind dann nicht mehr so freundlich zu mir. Sie sprechen untereinander, aber nicht mit mir. Viele Menschen sagen, was ich wieder nicht verstehe: »Du bist der Mutter wie aus dem Gesicht geschnitten.« Ich habe Angst vor Messern und beobachte Gesichter: ob man sieht, wie und wo man herausgeschnitten wird. Mamas Gesicht ist nicht verletzt, nur streng, manchmal böse.

*

Als wir endlich an den Rhein kommen, hat meine Mutter offene, blutende Beine. Das wird sie nie mehr verlieren. Sie ist eben doch kein Pferd. An ihren offenen Beinen soll ich schuld sein. Ich ahne warum, aber ich weiß es nicht.
Die Brücken über den Rhein sind kaputt. Wir sind ganz nahe an unserer Stadt und können nicht hinüber. Ein paar Tage müssen wir noch am Ufer warten, bis ein Boot mit ganz vielen Menschen darauf uns hinübernimmt. Mama ist unruhig, gereizt. Als wir endlich auf dem Marktplatz ankommen, wo unsere große Wohnung lag, wollen wir Kinder hinrennen, als es schon dunkel wird. Denn das Haus steht noch, obwohl viele Häuser kaputt sind. Die Fenster sind erleuchtet. Ich verstehe nicht, warum Mama uns anschreit und zurückhält. Sie geht mit uns langsam näher an das Haus heran. Sie schaut hinauf und sagt: »Diese Lampe am Fenster gehört nicht uns.

Andere Menschen wohnen jetzt da.« Dann wird sie ohnmächtig. Fremde Menschen ziehen sie zum Rathaus. Ich bin traurig und weine. Wir müssen lange am Rathaus warten. Mama kommt wieder zu sich und tut, als wäre nichts gewesen. Dann werden wir in ein dunkles kleines Haus am Hafen einquartiert. Mama findet es entsetzlich und flucht über die Enge. Aber wir haben wieder ein Dach auf dem Kopf.

Warum in unserer alten Wohnung jetzt andere Leute wohnen, verstehe ich nicht, aber ich darf nicht fragen, weil Mama sonst böse wird. Sie sagt: »Das bestimmen jetzt die Amis und die deutschen Ami-Freunde. Das sind Verräter.« Fragen gilt nicht. Ich verstehe wenig von den vielen ungewohnten Dingen in der neuen alten Heimat. Aber das Kohleklauen ist spannend. Wir werden alle vier losgeschickt und dürfen nur mit vollen Eimern heimkommen. Manchmal stehlen wir auch Kartoffeln auf den Feldern. Die Menschen lachen und sagen »fringsen«. Meine älteste Schwester sagt: »Das muß man nicht beichten.«

Viele Menschen staunen über Mama: wie sie sich und uns vier Kinder »durchbringt«. Wenn sie aus alten Kleidern für uns Kinder neue macht, sagt sie auch: »Bringt es nicht gleich durch!« Und sie meint: Macht nicht gleich wieder große Löcher rein, weil man sich sonst erkältet. Wenn sie ihre offenen Beine wickelt, finde ich sie eklig. Später muß ich es für sie machen, wenn ich aus der Schule komme. Sie sagt: »Damit kannst du zeigen, ob du mich magst.«

*

Jahre früher: Im Anbau unserer riesigen Wohnung am Marktplatz, man muß den hinteren Ausgang benutzen, hat der Schuster Wieneke seine Werkstatt. Er ist fast immer allein, wenn nicht gerade Leute ihre Schuhe bringen oder abholen. Weil er ganz oben unter dem Dach wohnt, kann er nur einmal am Tag, nämlich abends, die Treppen hochstapfen. Dafür braucht er ziemlich lang, weil er nicht mehr gut gehen kann. Darum finde ich ihn immer bei seinen Schuhen, wenn ich ihn suche. Ich sitze gern bei ihm und schaue ihm zu. Er schickt mich nie weg, erzählt mir manchmal sogar Geschichten, und manche Führerreden höre ich mit ihm zusammen an, dann ist es nicht so unheimlich. Er ist nicht so aufgeregt wie Mama, wenn sie Adolf Hitler reden hört. Onkel Wieneke sagt, es ist gut, daß Deutschland einen solchen Führer hat, aber manchmal sagt er auch: »Was soll das noch werden?« Doch dann erschrickt er und legt den Finger auf den Mund und sagt: »Mundhalten. Über Politik wird nicht geredet.«

*

Gegen Abend kommt Mama in der Werkstatt vorbei, sie bringt dem Alten etwas zu essen. Die beiden halten einen Schwatz. Am Anfang hat Mama mich immer rausgeschickt, und nach einer Weile durfte ich wieder reinkommen. Es gibt so viele Geheimnisse und Rätsel. Über was die beiden reden, wenn ich rausgehen muß, wage ich nicht einmal Wieneke zu fragen. Später sagt er zu Mama: »Ach was, die Kleine hält dicht; die versteht außerdem noch gar nichts. Und wo sollte die auch reden, und warum und zu wem? Und Sie haben eben etwas im Keller zu tun. Basta. Ich habe ja auch mein Lager drunten, Sohlen und Kunstleder, und was es gerade noch so gibt für uns Schuster; einen Haufen alter Schuhe. Da unten hausen die Mäuse, sage ich ihr, wenn ich nach einem passenden alten Schuh suchen gehe, und schon kriegt sie einen Schrecken und will nicht mehr mitkommen.«

Aber warum geht Mama manchmal hinunter durch die hochgezogene Falltür, wie ich es vom Fenster aus genau gesehen habe, und nimmt ihr Eßgeschirr mit? Die eingelegten Eier und das Sauerkraut und die Kartoffeln liegen im anderen Keller, im Haupthaus, bei den Kohlen und neben dem Luftschutzraum. Und Kompott wird sie dort auch nicht abfüllen, auch wenn mich die eingemachten Kirschen sehr locken.

*

Manchmal fangen meine Hände wie von selbst an zu trommeln, auch wenn es mir schwerfällt, den Rhythmus zu halten: tataram-tam-tam, tataram-tam-tam; und ich sehe die Züge mit den Fahnen wieder unter unserem Fenster vorbeimarschieren, die großen Jungen mit den riesigen Trommeln, und mittendrin mein Bruder. Weil die Mutter dann so aufgeregt ist und mich anschreit, versuche ich, meine Hände im Zaum zu halten. Gegen dieses Reißen in den Armen und gegen die Überschwemmung durch die dumpfen Schläge versuche ich hinter ihrem Rük-

ken mit den Armen die Musik zu bändigen, die aus dem Musikapparat kommt, den meine große Schwester mit schwarzen Schallplatten füttert. Wenn sie mich einmal erwischt beim Dirigieren, lacht sie und macht mir vor, wie man ein unsichtbares Orchester antreibt und anhält. Ganz schlimm ist es, wenn eine Platte läuft und von der Straße der ganz andere Trommelschlag heraufstampft. Es zerreißt mich dann, und manchmal fange ich an zu weinen.
Wir haben sehr viele Schallplatten, und es wundert mich, warum Mama den Apparat nicht anstellen kann, wenn er ihr doch gehört. Meine Schwester sagt, sie kann die Nadel nicht richtig aufsetzen und macht die Platten kaputt.

*

Monate später: Wir sitzen in einem rumpelnden Zug. Er fährt durch zerstörte Bahnhöfe. Wir sehen viele Feuer und Rauch über den Städten. Weiter vorne im Zug sind ganz viele Soldaten. Mein Bruder sagt: »Sie fahren an die Front.« Wir sehen andere Züge mit Soldaten, die große Verbände tragen. Sie fahren dorthin, wo wir herkommen. Manchmal müssen wir in Baracken übernachten oder den Zug ganz schnell verlassen und im Gras liegen. Endlich kommen wir an in dem Haus neben dem Gefängnis mit den hohen Mauern. Fast alle meine Spielsachen sind zu Hause geblieben. Auch mein Pelz und meine Lackschuhe. Dafür haben wir jetzt den Garten, der zur Elbe hinunterführt. Und die traurigen Männer, die im Kreis gehen. Wir sind verbannt, sagt die

Mutter, die oft weint, und meine Geschwister behandeln mich wie eine Verbrecherin. Dabei hat sie meinetwegen das Mutterkreuz bekommen und ist stolz darauf. Denn ich soll dem Führer gehören, auch wenn ich kein Junge bin. »Das habe ich jetzt vom Mutterkreuz«, sagt sie manchmal. »Wegen dir sind wir deportiert, als wären wir selber Juden.« In mir muß etwas ganz Schlimmes sein, weil ich an einem großen Unglück schuld bin. Vielleicht, weil ich nicht essen will, was Mama für die schwarzen Männer kocht.

*

Monate früher: In meinen Ohren dröhnt Gepolter. Jeden Tag treten riesige Stiefel die Treppe hinauf in unsere Wohnung und marschieren in unser großes Eßzimmer, das fast ein Saal ist. Ich stehe oft hinter der Haustür und sehe sie dann hochgehen, in schwarzen Uniformen. Sie reden laut und lachen. Ich sehe ihre riesigen Hinterteile. Die Geschwister sind in der Schule. Manchmal wollen die Männer mich sehen, dann muß ich ins Eßzimmer zu ihnen gehen, guten Tag sagen und knicksen. Sie tätscheln mich und sagen lobend: »Ganz die Mama« und: »Na, kleine Volksgenossin!« Mama kocht für sie. Vorher oder hinterher soll ich von dem essen, was sie den dunklen Männern vorgesetzt hat, aber ich kann nicht. Die Männer machen mir angst, und es ist schlimm, daß der Vater nicht da ist. Vielleicht würde er sie verjagen. Als Mama mich zwingen will, spucke ich ihr das Essen ins Gesicht. Sie schlägt mich, versucht es aber nicht noch einmal. Trotzdem hasse ich sie. Sie lobt vor mir die Geschwister, die sich gierig auf die Reste stürzen, die sie für sie warmhält und ihnen austeilt, wenn sie aus der Schule kommen. Ich esse nicht mehr an ihrem Tisch mit ihnen. Meine Schwester muß später beim Spülen helfen. Sie liebt die feinen Messerbänkchen und das silberne Besteck. Alles sieht aus, als ob es aus einem Schloß käme. Aber weit und breit gibt es keinen König. Und der Führer, der uns führt und beschützt vor allen Feinden, ißt ja Eintopf. Vielleicht ißt er das gleiche wie sein großer Hund, den er so liebt. Der braucht keine geschliffenen Messerbänkchen. Manchmal stoßen die Männer mit den geschliffenen Gläsern an, wenn sie Wein getrunken haben. »Auf die Frau des Hauses«, rufen sie, »die endlich am richtigen Platz wohnt!« Sie lachen laut.

*

Die Geschwister erzählen aus der Schule: manche Kinder dürfen nicht mehr kommen, oder sie sind weggefahren. Ich möchte endlich auch gern in die Schule, aber vielleicht, weil ich so böse bin wie die Kinder, die weggefahren sind, darf ich das noch nicht. Mama erzählt den Großen: früher sei sie einmal bei Juden in Stellung gewesen, ich weiß nicht, ob das im Krieg war, weil dort auch Soldaten in Stellung liegen. Die Juden waren reich, und sie mußte ihnen dienen. Jetzt muß niemand mehr den Juden dienen. Alle sind weggefahren. Mama war einmal Dienerin, und jetzt ist sie eine Herrin, und die dunklen Männer trinken auf ihr Wohl. Aber nicht alle Juden sind weggefahren. Unter der Werkstatt von Wieneke wohnen zwei, im dunklen Keller bei den Mäusen. Die darf keiner sehen, vielleicht, weil sie auch böse sind. Ich habe die Geschwister belauscht. Jetzt weiß ich, warum Mama mit einem Eßgeschirr durch die Falltür hinuntergeht und der Schuster seine Hand auf den Mund legt, wenn ich fragen will. Ob die da unten aussehen wie Tiere? Wir haben böse Menschen im Keller, und Mama füttert sie heimlich mit den Speisen, die sie für die dunklen Männern kocht, die ich hasse.

Wenn ich abends einschlafen soll, dreht sich alles im Kopf, und ich kann niemanden fragen, wie es im Keller aussieht und wie die bösen hungrigen Menschen heißen.

*

Fünfzig Jahre später habe ich erfahren, daß der Russe, der mich durch sein Schreien aus der eisigen Elbe gerettet hat, nicht zu seinen Kindern heimgekehrt ist, als der Krieg zu Ende war. Ich habe es immer geliebt, mir vorzustellen, wie er ihnen von meiner Rettung und von dem Apfel erzählt hat. Ich wollte seine Kinder eines Tages kennenlernen. Ich bin ja verwandt mit ihnen, weil er mich gerettet hat. Alle Männer, die in dem Hof ihre Runden drehten, sind erschossen worden, kurz bevor die Russen kamen, um sie zu befreien. Das ganze riesige Haus mit den hohen Mauern war voller Leichen.

Meine Geschwister wußten immer mehr als ich, aber

sie sprechen nicht mit mir, auch heute noch nicht, wo ich doch erwachsen bin und alles wissen will.

*

»Behalte du mal deine Unschuld«, sagen sie, »sonst sitzt du noch einmal über uns zu Gericht.« Ich soll unschuldig sein, das ist für Mama wichtig, so war es immer, und deshalb heiße ich auch Barbara und nicht Ruth. Ich will Mama doch nicht töten, wenn ich nach dem Russen frage. Aber die Geschwister sagen: »Du bringst sie noch um mit deiner Fragerei.« Ich vergesse meine Fragen und erzähle mir Geschichten, während ich nicht genug kriegen kann von Musik, die mich weit weg trägt. In den Märchen werden die Bösen bestraft. In den Geschichten, die ich aufschnappe, ist es immer unsicher, wer bestraft wird und wer nicht böse ist. Bösesein und Strafe, Gutsein und Heilbleiben passen nicht immer zusammen. Es gibt eine Barbara und eine Ruth, die ich aber nicht kenne. Manchmal rede ich mit ihr, als ob sie meine Schwester wäre. Mama urteilt über Gut und Böse in mir. Ob sie selbst gut oder böse ist, weiß ich nicht.

*

Heute hat sie mich wieder ausgeschimpft und gesagt, ich sei undankbar, weil ich nicht esse, was sie kocht. Dabei könnten wir froh sein für das, was wir geliefert kriegen. SS und Gestapo essen bei uns, weil Mama so gut kocht. Unser Eßzimmer ist schöner als die besten Lokale, wo es sowieso nicht mehr viel Gutes gibt, sagen die Geschwister. Ich muß, obwohl ich noch verheult bin, zum Bäcker gehen und bestellte Sachen abholen. Fast flüsternd unterhalten sich die anderen Menschen, und es ist von den schlimmen Juden die Rede, und daß sie abtransportiert werden. Da sage ich laut: »Unsere Juden werden nicht wegfahren, weil wir sie im Keller versteckt haben.« Auf einmal kriege ich Angst vor der Stille. Dann sagt jemand: »Ach, was die Kinder so reden«, und jemand fragt: »Wem gehört denn die Kleine?« Die Bäckersfrau weiß es natürlich und nennt den Namen meiner Mutter. Ganz schön wichtig nehmen mich die Leute, und ich komme sogar zuerst dran, und die Bäckersfrau sagt: »Nu renn aber mal schnell nach Hause und erzähl nicht mehr so einen Unsinn.« Das ist aber kein Unsinn, und trotzdem sage ich zu Hause kein Wort, weil ich wieder nicht weiß, ob ich brav oder böse war.

Am Nachmittag kommt ein Lastwagen mit Männern in Uniform. Sie holen die blassen Männer aus dem Keller und nehmen sie mit. Auch Mama wird mitgenommen. Sie kommt spät am Abend zurück und treibt uns an, daß wir packen. Wir müssen sofort nach dem Osten reisen, und der Anführer der Männer, die bei uns essen, sagt zu Mama: »Mehr konnte ich nicht für Sie tun. Seien Sie froh, daß Sie nicht vor den Volksgerichtshof kommen. Ich glaube, Sie sind verrückt geworden. Wie man sich in treuen Volksgenossen täuschen kann.«

*

Noch heute, wo ich schon fast alt bin, kann ich Führerreden nachmachen; so tief sind sie in mich eingedrungen, als ich bei Wieneke auf der Bank saß. Ich spüre den Führer im ganzen Körper, wenn ich mich erinnere. Er sitzt als ein Kribbeln im Körper. Es kann aber auch Goebbels sein.

*

Mama hat meinetwegen das Mutterkreuz und ist bei der NS-Frauenschaft. Das hat uns, sagt sie auf der Reise nach Osten, gerettet. Sie ist schon ein bißchen verrückt. Nicht einmal Abschied nehmen kann ich von allen Freundinnen aus den umliegenden Häusern. Von den vielen Puppen darf nur eine mit. Ich halte sie im Arm, als ob es Ruth wäre. Wir sind eine reiche Familie. Wir haben sehr viele Bücher, Musikinstrumente, schöne Möbel, feine Stoffe, einen siebenarmigen Leuchter. Alles bleibt zurück. Mama weint viel. »Jetzt sind wir nicht mehr die Herrschaft«, sagt sie. »Alles wegen dir!« Langsam wird mir klar, daß unsere Reise mit der Aufregung im Bäckerladen zusammenhängt.
Die Geschwister dürfen, solange wir am Marktplatz wohnen, nicht sagen, wo wir vorher gewohnt haben. Wegen des Mutterkreuzes und der Frauenschaft haben wir eine »Zuteilung« bekommen. Warum sind die Leute, die vorher da wohnten, auch einfach weggegangen und haben alles stehen und liegen lassen? Schön dumm. Mama tut so, als wohnten wir seit ewigen Zeiten da. Ich bin ein Kind des Führers, oder für den Führer und die Zukunft Deutschlands. Da

braucht man schon eine große Wohnung. »Wir haben ja reiche Vorfahren«, sagt Mama ab und zu, »dein Großvater hat an der Börse gearbeitet, und viele Künstler und Musiker gibt es unter den Ahnen.« Und alle arisch! So steht es im Ahnenpaß. Daß ich nicht lache. »Da lachen ja die Hühner«, sagt Mama immer. Aber ich lache gar nicht. Ich sitze in meinem großen Kinderzimmer und dirigiere Schallplatten, die meine Schwester auflegt. Und in meinen Lackschühchen tanze ich dazu.
Manchmal fällt der Name Ruth. Dann wird Mama ganz eisig. Ich kann noch nicht lesen. Aber ich bin froh, daß ich eine Prinzessin bin, wenn auch eine böse, wie Mama oft sagt. Meine Schwester kann schon gut lesen, und wenn sie in einem der vielen Kleidchen, die mir gehören, den Namen Ruth findet, muß sie es schnell heraustrennen. »Ja weißt du«, sagt die Schwester, »du solltest zuerst Ruth heißen, und dann haben wir es uns anders überlegt, aber da stand der Name schon in den Kleidchen und Tüchern.« Sie solle alles »arisieren«, sagt Mama einmal, als ich lausche, weil ich nicht einschlafen kann. Ich weiß nicht, was das ist, arisieren, es klingt wie frisieren, was ich nicht mag, aber es scheint noch schwerer. Weil ich die Unschuld habe! Und gleichzeitig durchtrieben sein soll.
Da ertönt schon wieder die Musik zu einer Sondermeldung. Mir zucken die Arme. Wo mag Ruth sein? Sie antwortet auf einmal nicht mehr bei meinen Spielen. Aus Juden macht man Seife. »Schall und Rauch und Unsinn«, sagt Mama, wieder ein Rätsel, und ich

muß ihr glauben. »Denen geht es gut. Es waren zu viele in der Stadt und im ganzen Land. Sie haben uns ausgesaugt. Dafür müssen sie büßen.« Aber warum versteckt sie die Aussauger im Keller? Ich habe Angst vor dem Aussaugen. Spinnen tun das mit den Fliegen, die sie fangen und einwickeln, sagt mein Bruder. Er zeigt mir sein Naturkundebuch. Dort sind auch schreckliche Bilder von Juden drin, die mir Angst machen und die ich doch immer wieder sehen will.

*

Mutter weiß viel über unsere Ahnen. Es müssen reiche Leute gewesen sein, die aus dem Westerwald kamen, wo sie verstreute kleine Äckerchen und nicht viel zu beißen hatten. Ein Bruder des Großvaters hat auch neben einem richtigen Hochofen gearbeitet. Eine Art Baron. Und der Großvater ist arm geworden, weil ihm die Juden an der Börse das Geld abgenommen haben. Deshalb müssen wir jetzt am Hafen wohnen, und die Amis bestimmen, wer wo wohnen darf. Uns hat es übel getroffen. Wir müssen für den Krieg büßen. Die Juden sind immer noch nicht erledigt. Wer weiß, was sie mit dem armen Papa machen. Endlich, nach sehr sehr langer Zeit, meldet eine Karte, daß er lebt.
In der Schule sage ich falsche Sachen, die Lehrerin schüttelt den Kopf, die Mutter muß in die Schule kommen, nachher schimpft sie mich aus zu Hause, weil ich dort so geredet habe wie vor kurzer Zeit noch mit meinen Geschwistern. Auf einmal ändern

sich die schmutzigen Wörter, die ich nicht mehr sagen darf. Meine Mitschüler aus der Hafengegend schmeißen mit anderen schmutzigen Wörtern nur so herum. Ich muß unterscheiden lernen zwischen schmutzigem Schmutz und dreckigem Schmutz. »Heil Hitler« ist schmutziger Schmutz, genau wie »Sieg heil«. »Arsch« und »Ficken« ist dreckiger Schmutz. Die Lehrerin mag mich nicht so gerne, weil meine Mama belastet ist, vielleicht wegen der offenen Beine.

Ich werde ein ganz stilles Kind, weil ich sonst viele falsche Sachen sage. Ich weiß nicht mehr, wer ich bin. Manchmal strecke ich den Finger, und wenn ich aufgerufen werde, weiß ich nicht mehr, was ich sagen wollte. Oft tuscheln die Kinder hinter meinem Rücken, und einer von den ganz frechen, der nie schöne Kleider anhat, ruft »Nazisau!« Ich traue mich aber nicht, Mama zu fragen, was das bedeutet. Das Fragen ist jetzt noch gefährlicher als vor unserer langen Wanderung mit dem Leiterwagen.

*

Ich gehe gerne auf den Friedhof, am liebsten allein. Es gibt viele Kindergräber dort, die keine richtigen Kreuze haben. Die toten Kinder sind meine Freunde, für die ich sorgen muß. Wenn es niemand sieht, stehle ich Blumen von den Gräbern mit den großen Marmorsteinen und bringe sie den toten Kindern mit. Sie kennen mich schon, und ich erzähle ihnen, wie es in der Schule war. Sie dürfen ja nicht mehr dort hingehen. Von einer alten Frau höre ich, viele seien verbrannt oder verhungert oder an Entkräftung gestorben, oder auf der Flucht, oder weil es keine Medizin für sie gab. »Und die vielen Judenkinder, die wohnen nicht auf unserem Friedhof«, sagt sie, »die sind jetzt Asche.« Warum sie mich so anziehen und nach mir rufen, weiß ich nicht. Einmal frage ich den Friedhofswärter, ob ich ein totes Kind in der Kapelle sehen darf. Über verschiedene Stationen erreicht die Nachricht meine Mama. Ich bin wieder ein schlimmes Kind, über das sie sich schämen muß. Ich verliere eine Freundin, die nicht mehr mit einem Kind spielen darf, das tote Kinder sehen möchte. Mama ist nicht nur böse mit mir, sie ist »fassungslos« und sagt: »Du bist meine Strafe.« Von meinem Vater hat sie eine Reitpeitsche, damit schlägt sie mich.

*

Erschreckt höre ich die große Uhr schlagen im Wohnzimmer bei Sigrid, einem Mädchen aus meiner Klasse. Ich bin zum ersten Mal zu einem Kindergeburtstag eingeladen, bei einer Familie, die nicht nahe beim Hafen wohnt. Ich spiele und vergesse die Zeit. Der große Raum erinnert mich an unsere frühere Wohnung am Marktplatz. Ich fühle mich in eine andere Zeit versetzt. Ich sage zur Mutter meiner Freundin, die noch gar keine ist, aber vielleicht eine wird: »Ich möchte hier bleiben und bei euch wohnen.« Sie scheint erschrocken. Nachts träume ich von Ruth und einem riesigen Kindergeburtstag in der alten

Wohnung, zu dem ich eingeladen bin. Ruth spielt mit mir und zeigt mir meine Spielsachen, die im Traum ihr gehören. Da taucht Mama auf und will Ruth verjagen und schreit: »All das gehört uns, ich werde euch anzeigen.« Anzeigen ist schlimm. Mama sagt doch selbst: »Man darf nicht petzen«, wenn ich mich über meinen Bruder beklagen will. Wieder weiß ich nicht, ob Mama gut oder böse oder beides ist, oder ob für sie andere Regeln gelten, die sie ändert, wie es ihr gefällt. Einige Jahre später denke ich, als ich neue Wörter zum ersten Mal höre und langsam begreife, ich hätte zu Sigrids Mutter sagen können: »Ich beantrage Asyl bei euch, meine Mutter verfolgt mich.« Ich weiß nicht mehr, wie ich zu unserem engen kleinen Haus zurückgegangen bin. Aber ich darf nicht mehr in Sigrids Haus zum Spielen. Ich bin ein Bündel schlechter Erinnerungen für Mama. Vom fernen Papa in Gefangenschaft hoffe ich, daß er mich rettet, wenn er zurückkommt. Ich glaube, manchmal bete ich zu ihm. Ob er sich dann eine andere Frau nehmen kann? Ich erschrecke, als ich denke: Wir könnten Mama in Gefangenschaft schicken, oder nach Rußland, oder dorthin, wo die Juden jetzt wohnen, die alle verreist sind.

*

Seit wir von der Elbe zurück sind, verschwinden die väterlichen Verwandten: sie kommen nicht mehr zu uns, und wir besuchen sie nicht mehr. Mama sagt, sie sind uns nicht »wohlgesonnen«. Was ich begreife, wenn auch mühsam: daß verschiedene Menschen über die gleichen Dinge ganz anders denken und sprechen. Das gilt auch für Menschen. Menschen wechseln die Farbe, unter denen man sie sieht, je nachdem, wer von ihnen spricht. Aber die gewaltigsten Urteile stammen von Mama. Sie bestimmt, wie wir alle denken sollen über andere Menschen. Ich möchte auch einmal die Bestimmerin sein. Für sie ist es am sichersten, wenn wir gewisse Menschen nicht mehr sehen, dann können sie ihr nicht widersprechen. In meinem Kopf dröhnt es: »Der Sowieso und die Sowieso sind schlecht.« Die von Mama meist mehr geschrieenen als ruhig gesprochenen Urteile setzen sich fest in meinem Kopf und laufen manchmal ab wie vom Band. Wenn sie sehr wütend ist, kreischt sie auch mal. Und etwas in mir kreischt dagegen, oder ich singe lautlos vor mich hin: »Du spinnst, du spinnst«, und habe Angst, daß sie es trotzdem hört. Alle Geschwister sagen zu mir oft: »Du spinnst doch.« Ich bin die in der Familie, die spinnt. Einmal lachen die Geschwister, als wir auf dem Marktplatz stehen, weil ich plötzlich Panik kriege und frage: »Kann hier die Erde nicht einbrechen?« Sie wissen mehr als ich, lassen es mich fühlen und helfen mir nicht aus dem Dunkel heraus.

*

Oft beobachte ich heimlich Menschen, als müßte ich etwas Wichtiges herausbekommen, ein Rätsel lösen. Als meine Schwester mich einmal dabei ertappt und sie, wie so oft, Angst hat, ich könnte etwas tun,

wofür die Familie sich wieder schämen muß, weiß ich noch nicht zu sagen, auf was ich starre.
Ein paar Monate später fällt es mir ein, als ich zusehe, wie ein Schäfer junge Schafe am Fell packt und in die Höhe hebt: sie hängen im wolligen Hautsack, wie junge Katzen, die man hinter den Ohren anfaßt und hochhebt. Ich wollte wissen, ob und wie Menschen in ihrer Haut wohnen; ob das ein Zuhause ist, mit einem Inhalt und einer Grenze. Ich fühle mich oft innen leer oder in einzelne Teile zerfallen.

*

Konturlos und ohne Mitte, so nenne ich es in den ersten Semestern des Studiums. Sich übereinanderschiebende Bilder verbinden sich mit halbvergessenen Szenen, die nicht deutlich festgehalten wurden und deren Sinn bedrohlich unverstanden blieb. Umflattert bin ich von niedergehaltenen Fragen nach unerwünschten Wahrheiten. Manchmal fühlt es sich an wie ein mangelndes Lebensrecht, es sei denn, ich büße und weiß doch nicht wofür. Büßen kann ein stabiler Zustand sein, ja sogar ein stabilisierender, und angenehmer als die Leere, die dahinter kommt. Aber offenbar muß man die wirkliche oder die eingebildete Schuld ebenfalls nähren, damit alles im Lot bleibt.

*

Ich werde immer altklüger und immer dümmer in dieser Familie. Ich lebe sonntags in Lackschuhen und wundere mich, daß meine Füße nicht Feuer fangen.

Es ist ein unheimlicher Glanz, der mich umgibt in der riesigen Wohnung.

*

Viel später einmal lese ich eine Zahl in der Zeitung und erstarre: in Wien sind hunderttausend Judenwohnungen von Ariern übernommen worden. Auf einmal gab es keine Wohnungsnot mehr in Wien. Aber die Österreicher wollen nichts gemerkt haben. So ähnlich wie die Deutschen.
Tataram-ta-ta, tataram-tata: tief sitzt der Trommelwirbel der Hitlerjugend-Fahnenzüge im Gehirn. Oder steckt er im Rückenmark, das den Körper zucken machen will, wenn er ertönt? Mama wird den Befehlston der einschüchternden und dennoch beflügelnden Lautbotschaft noch für lange Jahre bewahren und ihn noch tiefer in das zuckende Herz versenken.

*

Wenn sie mich braucht für die Erneuerung ihrer Binden und Salben für die offenen Beine, dann trommelt sie an die Rückwand ihres Bettes, und ich muß alles stehen- und liegenlassen und zum Hauptverbandsplatz eilen. Denn jetzt ist sie Tambourmajor und Befehlshaberin in einer Person. Wer weiß, vielleicht hat sie die Soldaten doch beneidet, die, so deutlich den Frauen vorgezogen, Helden werden oder als Helden fallen dürfen. Das Mutterkreuz ist da vielleicht ein schwacher Trost. Und als sie es nach dem Krieg, mit vielen schönen und vertrauten

Dingen, die das Hakenkreuz zierte, wegwirft, empfinde ich das wie ihren größten Verrat: es ist nicht nur ihr Mutterkreuz, sondern auch meines. Es verbindet uns doch, sie hat es meinetwegen bekommen, also fühle ich mich insgeheim wie seine Verleiherin, oder doch als Mitwirkende. Es ist der Orden für meine später so verwünschte oder gar verfluchte Geburt, und bei dieser Geburt habe ich schließlich mitgearbeitet.

*

All diese Bilder, tief eingeprägt in der Kindheit, verschwinden für fast fünf Jahrzehnte von der Oberfläche des Bewußtseins. Erst heute kann ich sie in Worte fassen, und auf einmal sind sie auch mit dem Ballast der inzwischen angelesenen Klugheit und des historischen Wissens versehen, und es ist schwer, sie in den ursprünglichen Farben und in der kindlichen Wortarmut und Bilderflut zu greifen.
Tataram-tam-tam, tataram-tam-tam, die strenge Mutter ruft, und mir steigt bis heute der Geruch der Salben und der brandigen Haut in die Nase, der Anblick der Wunden in die Augen, an denen ich Schuld schleppe, und die ich dienend abzutragen habe.

*

Nach dem Krieg sind wir arm, und die herrschaftliche Wohnung ist verloren, genau wie die Lackschühchen. Um mich darüber hinwegzutrösten, sehne ich mich nach den BDM-Uniformen meiner Schwestern, auf die sie so stolz waren. Aber Mama sagt, sie seien beim großen Umzug, auf der großen Leiterwagenreise, verlorengegangen. Ich glaube es ihr nicht. Ich glaube, die Sehnsucht danach, ja, die Erwartung, wie die großen Mädels, die um ein Jahrzehnt älter sind als ich, in das Gewand der Jugend für den Führer eingekleidet zu werden, läßt mich manche Demütigung der frühen Zeit besser ertragen. Aber meine bilderreichen Wünsche, die später Sehnsuchtsphantasien heißen, sind vergebens. Es tröstet mich wenig, daß mir die Mutter nach dem Krieg, auf vielen Umwegen über viele Vertraute aus der früheren Zeit, Berchtesgadener Trachtenjöppchen besorgt und entzückt ist über den Anblick der kleinen Tochter, die, wie sie sagt, in der Nähe des Berghofs hätte fotografiert werden müssen. Manche Besucher sagen nicht »frühere Zeit«, sondern »größere Zeit«. Mir wird die Zeit manchmal lang, aber nie größer.

*

Vor ein paar Tagen, um den fünfzigsten Jahrestag des Kriegsendes herum, verreiste ich im Morgengrauen, vom Hauptbahnhof meiner großen und im Krieg weitgehend zerstörten Heimatstadt aus — nur die riesige Kirche überstand den Terrorangriff, wie Mama ihn nennt, fast unzerstört. Auf dem nur schwach erleuchteten Bahnsteig stand ein dunkler Zug, der die ersten Pendler in die Stadt brachte. Ein kaum sichtbares Schild mahnte allzu eilige Reisende: Nicht einsteigen! Ein inzwischen verwehter Satzfetzen aus dem Lautsprecher gab bekannt, daß der Zug hier endete. Er wartete nun, auf ein Rangier- oder Abstellgleis, vielleicht weit draußen im Güterbahnhof, gezogen zu werden. Da kam eine Schar von Ausländern, des Deutschen wohl wenig mächtig oder auch nur unaufmerksam, und bestieg den Zug, erfreut über das unerwartete Platzangebot. Ich hätte sie warnen müssen: »Ihr dürft nicht einsteigen.« Aber ich ließ sie einsteigen, wunderte mich über die Schärfe meiner Schadenfreude und meiner bösen Gedanken, war vollkommen gespalten, aber das Kind, nein, ein Kind, nein, der Teil eines Kindes in mir, war stärker, und es schaute zu, wie die Männer und Frauen ins dunkle Abseits oder Jenseits der Bahnhofs- oder Menschennähe gezogen wurden. Hinterher kamen die Wellen der Scham, und die Gesprächsfetzen der Geschwister über die Abtransporte der Juden drangen aus dem Nebel der Kindheit ins erschrockene Gewissen der Erwachsenen. Dem Kind wollte die Scham der Erwachsenen fremd vorkommen, und es wünschte sie zum Teufel, weil es sich gestört fühlte in dem Genuß, voll gemeiner Zustimmung endlich mit eigenen Augen eine Art von Deportation mitangesehen zu haben, von der die Geschwister immer nur gemunkelt hatten. Der Ton ihrer Reden vor allem stieg auf im Morgengrauen, ein Ton, in dem die unendliche Gemeinheit plötzlich normal schien.

*

Überhaupt die Geschwister. Sie wissen immer viel mehr als ich. Wie haben sie ihr Wissen ertragen, ge-

nossen, verborgen, hinausposaunt? Ihnen, lange Jahre vor mir geboren, mußte man ja schließlich erklären, warum wir in die herrschaftliche Wohnung umziehen und die altvertrauten billigen Möbel plötzlich fehlen und sie sich zwischen Antiquitäten und Silberbesteck zurechtfinden lernen, Reichtümer, die nun für einige Jahre um die Mittagszeit mit den schwarzen Männern in Stiefeln geteilt werden müssen. Wie stehen sie zu dem besetzten, eroberten Reich? Wie wird ihnen eingeschärft, mich unwissend zu halten? Wie gelingt es ihnen trotzdem, während sie das Verbergen vor mir genießen, mich in der Tiefe wissend zu machen, so daß ich nicht weiß, ob Ruth eine Doppelgängerin von mir ist oder ein anderes Mädchen, mit dem ich Kleider und Spielsachen teile? Und die vielleicht eines Tages wiederkommen wird, um von mir Rechenschaft und Rückgabe zu verlangen?

*

Die Anstrengung oder die Anspannung des wissenden Nichtwissens hat mich vielleicht die versteckten Juden verraten lassen: das Ausplaudern in der Bäckerei, vom wellenartig anschwellenden und sich verziehenden Haß auf die Mutter beflügelt, sollte auch den anderen Lügenschleier zerreißen. Die Wahrheit wird mich freimachen, so habe ich vielleicht gefühlt-gedacht, oder sie wird uns alle freimachen, aber sie hat so viel Verderben heraufbeschworen, meine glanzvoll falsche Kinderwelt vernichtet und der Mutter offene Beine beschert. Die ganze Familie hat mich ver-

dammt für den Verrat, und bis heute will keiner mit mir über die verworrene Geschichte reden.

*

Einen strahlenden Glanz kann ich in Mamas Gesicht zaubern, wenn ich ihr das Lied vorsinge: »Du, du liegst mir am Herzen, du, du liegst mir im Sinn.« Dann mag sie mich wieder. Ganz schnell lerne ich von ihr alle Strophen auswendig. Wenn sie es bei der Arbeit im Haushalt vor sich hinsingt, fühle ich mich eingehüllt in die Zuneigung, die ihr Gesang und die gesungenen Worte ausdrücken. Ich nehme an, ihr Gesang gilt mir. Es ist wie in einem Zaubermärchen. Sie ist die singende Fee, die meine Zweifel an ihrer Liebe besänftigen kann.

Obwohl sie nach unserer hastigen Reise an die Elbe weniger oft singt, hat dieses Lied uns weiterbegleitet, und ich traue ihm noch immer die Kraft der Versöhnung zu: es könnte die Last meines Verrats, der uns die Heimat und den Männern im Keller vermutlich das Leben kostete, aufheben. Während sie es singt, oder während ich es singe und ihr Gesicht glänzt vor Freude, über das vielleicht sogar Tränen fließen, ist die Welt in Frieden und Ordnung getaucht, meine Verfolger besänftigt. Aber gegen ein klebriges Widerstreben muß ich mir allmählich eingestehen, daß die Person, die die Mutter besingt, nicht ich bin, sondern der Führer.

*

Sie hatte es sich nicht einfach gemacht mit ihre Liebe zu ihm.

Sie hörte in den Häusern, in denen sie während seines Aufstiegs diente, viel Geringschätziges über ihn, ja Haßerfülltes. Einigen galt er als Verbrecher, zahllosen anderen als Heiland und Retter; manchen war er zu stillos, ordinär und aufgeplustert. Und da sie einen unbändigen Stilwillen in sich trug, als Garanten und Begleiter eines fast um jeden Preis ersehnten Aufstiegs aus den Demütigungen der Armut und des Hungers, überwand sie sich nur mühsam, einen so gerügten, angezweifelten oder sogar geschmähten Geliebten in ihr Herz zu lassen. Aber als er einmal dorthin gelangt war, wurde es Liebe und Hingabe und ein von wohligem Schaudern getragenes Hingezogen-Sein, das selbst den zögernden Ehemann allmählich mitriß. Der mußte viel von linker Gesinnung umrankten Arbeiterstolz fahren lassen, bevor er den geheiligten und übermächtigen Rivalen auch in seine Seele und seinen Körper Einzug halten ließ. Aber dafür verlieh ihm der Rivale schließlich sogar die Kraft, mit der sich ihm zunehmend überlegen dünkenden Gattin vier Kinder zu zeugen, zuletzt mich im Jahr des ostmärkischen Triumphs und überhaupt eines unvorstellbaren Siegeszugs, der alle kleinlichen Zweifel am neuen Christus beseitigte. Von den Dingen, die man unschön finden konnte, wußte der vielleicht gar nichts.

*

Immer schon will ich, seit ich erwachsen und in schon reiferem Alter bin, gegen die unheimlichen Verführer gewesen sein. Aus mir nie ganz durchschaubaren Motiven habe ich einen Beruf des Verstehens ergriffen. Die frühe Kindheit ruhte in der sicheren Verwahrung des Vergessens. Ich wählte mir akademische Lehrer, von denen einige leidgeprüfte Gegner der Nazis gewesen waren, auch wenn sie oft ähnliche Züge autoritären Denkens an den Tag legten. Das wuchtige Thema früher Infizierung und verschlungener oder offener familiärer brauner Tradition sparten auch sie aus in ihrem Unterricht. Ich fühlte mich ihnen nahe und geborgen in ihrem verurteilenden Denken, auch wenn ihre eigene geistige Herkunft nach den Regeln ihres Gewerbes für uns Schüler im Dunkeln bleiben mußte.

Bis ich mit Schrecken entdeckte, daß die Herrscher des untergegangenen Reiches mich gelobt und erhöht hätten für meinen Verrat an den Männern im Keller. Denn, so hatten sie mahnend und drohend gesagt: ein paar gute Juden kennt jeder. Aber von diesen wenigen abzuleiten, daß sie als Rasse kein Ungeziefer seien, galt als gefährlicher Irrtum. Diesen zu bekämpfen machte die wahre Größe bei der Arbeit an ihrer Vernichtung aus. Dabei wollte ich bei meinem Verrat ja nur hervorheben, daß Männer, die meine Mutter versteckt hielt, nicht einfach gefunden und weggeschafft würden. Ich meinte also, in der Bäckerei Mama zu preisen, die ihre Juden den Gesetzen des Abtransports entzog. So mächtig und kühn und listenreich war sie! Voller Stolz auf sie und trotz-

dem haßerfüllt lieferte ich sie dem drohenden Untergang durch den Volksgerichtshof aus, der sie auch ereilt hätte ohne die schützende Hand der schwarzen Männer, für die sie Kochkunst und artfremden Stil entwickelt hatte. Als ich die Zusammenhänge später begriff, sah ich auf einmal nicht ein Mutterkreuz, sondern einen Orden für die bewunderungswürdige Mitarbeit einer kleinen Volksgenossin an der Reinhaltung des Volkskörpers an meiner Kinderbluse hängen und mußte mein Gesicht verbergen und hoffen, der frühe und dann doch von der Familie geschmähte Stolz habe sich nicht zu tief in meine Züge eingegraben. Ich stand oft lange vor dem Spiegel und prüfte: finden sich Relikte meines kindlichen Beitrags zur Reinigung der ganzen Menschheit vom Ungeziefer in meinem Antlitz? Wenn es mir nicht gut geht, kann ich grob aussehen, verhärtet, unbarmherzig, und ich erschrecke vor diesen Eigenschaften, die in mir schlummern. Dann kann ich sogar denken, das verhärmte und verbitterte Gesicht Mamas sei m i r wie aus dem Gesicht geschnitten, und schäme mich und weiß nicht, wo die Ursprünge dieser Fenster zur offenen Brutalität liegen.

*

Meine Geschwister und ich finden lange Jahre nach dem Krieg wenige Male in bodenlos verworrener Solidarität zusammen. Wir wollen Mama drängen, aus der Tatsache, daß sie Juden versteckt hielt, auch wenn sie sie, aus nicht abwendbarem Mißgeschick und Kinderverrat heraus, nicht wirklich retten konnte, moralischen Gewinn zu schlagen. In meinen kühnsten Wunschträumen sehe ich sie, mit einem Baum geehrt, im Park der Gerechten in Yad Vashem in Jerusalem. Wir können nicht verstehen, warum sie sich so verzweifelt gegen unser Ansinnen sträubt. Sie wird böse, wenn wir sie als Heldin sehen wollen.

*

Heute nehme ich an, daß auch sie nicht in dem dafür notwendigen Maß selbstgerecht oder verlogen war, oder daß sie wußte, wieviele Menschen sich an ihre andere und wahrscheinlich viel größere Seite der Hitlerverehrung und des Profitierens von ihrer NS-frauenschaftlich erhöhten Liebe erinnern würden. Deshalb schaue ich von heute aus zurück auf den drängenden Wunsch des Kindes, sie weiter verehren zu können, auch wenn es sie nicht liebte und bei ihr keine Liebe zu finden meinte. Ich wäre gerne ein Sproß aus antifaschistischem Adel gewesen, und war bereit, unseren Stammbaum in diese Richtung umzudichten, solange ich die Fakten nicht wissen wollte und ertragen konnte. Obwohl von meinem Vater gezeugt, bin ich schließlich doch ein Kind des Führers, und dies ist das wahre und frühe Fundament meines Stolzes auf mich selbst, die später eine ganz andere Geschichte für sich erfinden wollte. Ich komme mir vor wie ein Schichtkuchen: der Boden ist ganz und gar braun; dann kommt der einfache Hefeteig blind gelebter Jugendjahre. Aber dazwischen schon der Bruch des Verrats und seiner Folgen. Und in diesen Jugendjahren, von der Mutter gegen den Vater geför-

dert und nur mit Mühe finanziert, die Sportarten der gehobenen Wohlstandsjugend. Denn die Erinnerung an die Rauschgoldjahre in der Wohnung am Marktplatz sollte nicht wieder verblassen. Mit dem Bild des Führers blieb für Mama immer der gesellschaftliche Aufstieg verbunden, Zeiten der Träumerei von großen, uns endlich begünstigenden Veränderungen, wie zusammengelogen sie auch gegen Leid und Gewalt aufbewahrt wurden. Also spielte ich Tennis und sogar ein wenig Golf, stürzte mich in Flirts an den Rändern der allerersten Kreise der Stadt und stürzte ab, als ein künftiger Schwiegervater meine Herkunft als nicht standesgemäß ansehen und mich mit einem größeren Geldbetrag besänftigen und verabschieden wollte.

*

Mama ist gezeichnet von ihrer Geschichte und bäumt sich einige Jahre auf, will ihr Bild des Führers nicht verlieren. Sie lernt den Unterschied nicht zwischen der neuen Sprache der Politik und der guten Gesellschaft, die die braune Barbarei verdammt, und der Herzenssprache der Führerverehrung und der großdeutschen Überlegenheit, die ihr immer wieder aus dem Munde quellen möchte. Menschen, denen sie bis zum Ende des Kriegs nahezustehen meinte, setzen für sie undurchschaubare Gesichtszüge auf und sprechen eine demokratische Kunstsprache, die sie nicht mehr erlernen will oder kann. Ihr fehlt ein Kreis für die Einübung der neuen Rituale. Ihre Sehnsucht ist rückwärts gewandt. Oder der einmalige

Aufstieg und Absturz haben alle Kräfte von Aufschwung und Anpassung verbraucht. Sie ist für sich selber bitter und für uns, die Jugend, vorsichtig hoffnungsvoll. Sie investiert in uns die Hoffnungen, die für die eigene Person zerschellt sind.
Sie hält die Welt für ein Geflecht von Beziehungen, die man haben und pflegen muß, um voranzukommen. Einige Jahre lang bin ich in Gefahr, dieses Denken zu übernehmen und aus meinem Kopf und Herz ein einziges Organ zu machen, das versucht, das Fühlen und das Kalkulieren in Einklang zu bringen. Mein Mann rettet mich aus einem Leben ohne Boden, hin zu gemeinsamer Arbeit im Kreise eines neuen Missionars in unserem Studiengebiet. Und trotzdem bleibt vieles bodenlos und falsch.

*

An Ruth schreibe ich neuerdings, die ich fast die Großmutter des Kindes von damals sein könnte, Briefe. Ich erwache vor dem Morgengrauen und prüfe, je nach der Last meiner Träume und dem Einfluß der Gespenster der Nacht, ob Ruth noch leben könnte; ob sie starb oder ermordet wurde, ob die Emigration vielleicht gelang; ob sie in der Emigration ein neues Schicksal fand. Gierig schnappe ich Zeitungsnotizen auf, in denen von Biographien die Rede ist, die nach dem Abbruch in Deutschland weitergingen, in England oder, viel dramatischer, in Südamerika. Shanghai taucht auf, Südafrika, die Vereinigten Staaten, es werden Traumländer der Hoffnung, die ich für Ruth hege. Aber, ich schäme mich, es zu sagen: konkrete Nachforschungen habe ich bisher nie angestellt. Dein Tod, Ruth, oder dein Weiterleben gehören nicht in die mir real erreichbare Wirklichkeit. Ich habe Angst vor dem forschenden Prüfen, und doch kann es sein, daß ich mich eines Tages dazu überwinden muß. Solange ich nichts weiß, bist du bei mir als mein Bild von dir, und plötzlich merke ich, daß selbst diese Lösung Schuld bedeutet: Von deiner realen Existenz oder Vernichtung will ich vorerst ja nichts wissen und bin in Gefahr, dich noch einmal auszulöschen. Nein, wenn ich erführe, daß ein Todeslager dich verschlungen hat, würde ich dich als meine Freundin, als mein besseres Selbst verlieren. Und wenn ich dich träfe, wüßte ich nicht, ob du meine Verwandtschaft, meine schuldhafte Liebe annehmen würdest. Ein abwehrender, haßerfüllter, verächtlicher Blick aus deinen Augen würde mich aus der Bahn werfen. Du könntest sagen: »Alles ist erlogen, was du dir an Gedanken über ein treuhänderisches Spielen mit meinem Spielzeug zusammengedacht hast. Du bestehst nur aus Anmaßung, du gehörst zu den Tätern, und selbst wenn du mir nicht direkt etwas getan hast: Deine Leute haben den meinen nach dem Leben getrachtet und es millionenfach ausgelöscht, zwischen uns kann es kein Sich-Wieder-Gut-Sein geben, und die Verwirrungen deiner Seele, mit denen du alles verdrehst, interessieren mich nicht.« Solche vernichtenden Sätze dröhnen mir im Kopf, wenn ich Begegnungen phantasiere.

Auch unsere Stadt hat vertriebene Juden, die überlebt haben, eingeladen. Alte, gebrechliche Gestalten sind vom Bürgermeister empfangen worden, unbeholfene, salbungsvolle Worte sind über sie hinweggegangenen, und niemand kann sicher sein, ob sie Zugang zu ihren Seelen gefunden haben. Ich kann es keinem verdenken, der auf den gutwilligen Bürgermeister nicht zu hören vermag. Und du? Du wärst die jüngste unter den Alten. Wieviele gängige Formulierungen und Schlagzeilen und Büchertitel biege ich mir zurecht für diese mich ängstigenden und doch ersehnten Treffen mit dir! »Der Besuch der alten Dame« fällt mir ein, die sich furchtbar rächt bei ihrer späten Heimkehr. Aber bei dir wäre es der Besuch einer mir gleichaltrigen, vielleicht reich oder berühmt oder krank und verbittert oder weise und großmütig gewordenen Dame. Du hättest das Recht, dich zu rächen. Und dies, obwohl ich weniger reales Unrecht begangen habe als vielleicht noch meine Geschwister, schon wegen jener Gnade des späten Nachzüglertums in unserer Familie. Denn sie wurden noch zu konkretem Haß erzogen, sie haben nicht gemordet, aber waren wohl Täter in Gedanken oder durch die kleinen Beihilfen, zu denen, in Wort und Tat, auch Jugendliche schon fähig sind. Aber warum bin ich das schwarze Schaf der Familie geworden, das so viel Schaden gestiftet hat und sich jetzt auch zu deiner möglichen Rache anbietet? Die Geschwister schlafen ruhiger als ich, als seien sie gänzlich unbeschadet geblieben. Ach Ruth, wenn ich an dich schreibe, ordnet sich manchmal die Flut dieser sich überstürzenden Gedanken und Gefühle, und der Nachtschweiß auf der Stirn trocknet, wenn ich glaube, dich schreibend erreicht zu haben. Aber noch sind es nur innere Vorgänge, nicht einmal tätige Reue. Wahrscheinlich bin ich dabei, die Vergangenheit zu »bewältigen«, und leiste mehr von der geforderten Trauer- und Reuearbeit als viele. Weil man allem Tun und Erleiden einen Sinn geben möchte, rede ich mir manchmal ein, meine inneren Umtriebe mit dir und deinem und meinem Volk seien nützlich oder gar wertvoll oder mir einfach auferlegt, und stürze mich in religiöse oder anthropologische oder mythologische Kategorien von aufgewühlter Geschlechterfolge, Sühne und Heimsuchung bis ins dritte oder vierte Glied, und ich bin doch erst das zweite und habe keine Kinder, was also kann meine Seelenarbeit bedeuten oder leisten? Wo du doch nicht einmal antwortest und ich bis heute keinen Zugang habe zu jenen Zirkeln, in denen Kinder der Opfer und Kinder der Täter sich begegnen, um Haß und Scham und Befangenheit zu mindern.

*

Wenn du ermordet worden bist, Ruth, ist mein Leben weniger wert und in Schuld getaucht. Ich kann es nicht rechtfertigen und bin nicht gut genug, es zu verdienen. Gibt es eine vorstellbare Leistung, die Schuld zu mindern? Einige Freunde aus dem Studium fuhren nach Israel und halfen, Orangen zu ernten und Felder zu bewässern. Hilft es deiner Seele, wenn ich unglücklich bleibe?

Es gibt Stunden und Tage, wo ich dich vergesse und den anderen und mir selbst als ein normaler Mensch

vorkomme, und doch erschrecke ich, wenn du auftauchst und mich fragend ansiehst. Manchmal muß ich einen Brocken Haß aus dem Weg räumen, wenn ich denke, du könntest mich aussaugen aus einem unbekannten Jenseits heraus. Dabei bin ich es doch, die in deine Hüllen geschlüpft ist und bis heute nicht wieder herausfindet. Es kann sein, daß ich mit dir verschlungen bleibe, bis ich sterbe. Aber da ich jetzt mit deiner Seele umgehe, auch wenn du ausgelöscht worden bist, wird meine sich nicht in Nichts auflösen, wenn es auf meinen Tod zugeht, sondern sich weiter nach Freundschaft mit dir sehnen und nach Vergebung. Doch wenn du überlebt und dich reicher entfaltet hast als ich, dann wate ich im Neid und finde keinen festen Tritt und hasse mich, weil ich mit großem Widerwillen und Angst die Neider zu verstehen beginne, die euch auslöschen wollten.
Ich bin mir ziemlich sicher, daß du nicht geschlagen worden bist als Kind und weniger gehorsam sein mußtest als ich. Kann man bei so viel Verwöhnung gedeihen, wie sie aus deinen Kleidern und Spielsachen gestrahlt hat? Wie lernt ein Judenkind gehorchen ohne Schläge? Ist es der Zauber eurer Religion? Oder macht euch die ewige Angst vor der Umgebung gefälliger gegeneinander, so daß ihr weniger Gehorsam braucht, weil ihr mehr Liebe miteinander lebt? Wie kann ich eine Jüdin werden? Diese Sehnsucht wird manchmal so stark, daß die Phantasie mit mir durchgeht: Ich bin ein von deinen Eltern zurückgelassenes Kind, das meine Eltern großgezogen haben, um einen Teil ihrer Schuld abzutragen. Dies würde

mir meinen Haß und meine Fremdheit gegen sie erklären, und ihren Haß und den der Geschwister gegen mich. Und auf einmal wird mir die Fremdheit und das Mißtrauen gegen Eltern und Geschwister kostbar, wie ein Zeichen, daß ich anderer Herkunft bin. Du bist dann meine wirkliche Schwester, und nicht nur eine der Sehnsucht und der Schuld. Doch die Ähnlichkeit mit meiner Mutter holt mich aus allen Träumen zurück.

*

Ab und zu bricht ein Damm in den Tagträumen. Ich glaube nur leben zu dürfen, wenn ich ein Judenkind bin. Weil das Band von Haß und Bewunderung für Mama so unzerreißbar fest ist, rüttle ich an der Rolle des Vaters, von dem ich mir Erlösung verspreche. Aber als er heimkehrt aus dem Krieg, ist er geschwächt und die Macht von Mama noch weiter gewachsen. Er ist eine Hülle, ein leerer Sack. Hitler ist unten herausgerutscht, fast wie bei Max und Moritz, die die Säcke des Müllers aufschlitzen. Ich glaube, er ist zuletzt trotzdem froh, den Führer loszusein. Er sagt zu oft: Wir sind verraten worden. Mama kann das nicht so sehen, sie tönt eher: Der Führer wurde verraten.

*

Wollte ich ein Judenkind werden und ein wirkliches Recht an deinen Spielsachen gewinnen, mußte ich Mama mit einem der Männer im Keller vermählen. Es fiel mir nicht schwer. Die an Märchen geübte

Phantasie überwand alle Unwahrscheinlichkeiten; ich weiß nur nicht mehr, in welches Jahr, in welches Stockwerk oder an welchen finsteren Platz meiner Seele ich die Geschichte verlegen sollte. Der Ort und die Bühnenbilder wechseln in der Erinnerung je nach dem Stand meiner Wut oder meiner Bewunderung, meines Hasses, vor allem meiner Zuneigung, die noch immer nach ihrer Chance sucht. War ich das Kind eines Kellermanns, dann verstand ich die Kühnheit von Mama besser, ihren hauseigenen Untergrund, ihre Schützlinge oder Liebhaber, zu hüten und zu verbergen. Doch sie wurde auf einmal weniger heldisch, und ich ahnte, warum sie in Yad Vashem keinen Baum für sich wollte. Aber sie hätte mir einen jüdischen Vater besorgt, und dafür war ich bereit, sie zu lieben, auch wenn ich die Mörderin ihres Geliebten war.

Ich konnte verstehen, daß sie mich an den verworrenen Sinn ihres Beinleidens band, und ich nahm meine Strafe ohne Murren, nur in stillen Haß versunken, an. Vom Tataram-tam-tam, das ihre bleichen Knöchel auf die Bettbretter trommelten, ging die höchste Befehlsgewalt aus. Der Trommellaut, von der leidenden Tyrannin hervorgebracht, durchdrang unser wirres Familienstück mit aufgezwungener Ordnung. Wer zur Strafe so ohne Widerspruch zu gehorchen hatte wie ich, mußte unauslöschliche Schuld tragen. Aber so wie ich Märchen umschrieb, bis sie zu mir paßten, so schrieb ich in stillem Zorn unser Familien-Drehbuch um, bis ich, mit in die Handballen eingedrückten Fingernägeln, Recht bekam. Doch

blieb dies verbunden mit der Angst, daß ich eines Tages aus Rache für meine dichterische Macht erschlagen würde. Ohne je ein einziges Wort darüber zu verlieren, kämpften wir alle darum, wer schließlich die Geschichte unserer Familie deuten oder aufschreiben würde. Heute triumphiere ICH, aber ich weiß nicht, wie lange das anhält.
Als Mama dann, noch nicht sechzig Jahre alt, an ihren wunden Beinen starb, glaubte ich, sie habe die Kraft, mich mitzureißen in ihren Tod. Ich fürchtete es noch immer, als ich mich — längst erwachsen — ihrem Sterbealter näherte.

*

Jetzt, wo sich Türen auftun, die ich nie durchschreiten durfte, und ihre mit Gespenstern gefüllten Räume preisgeben, stürzt erneut alles durcheinander. Die kindlich erzwungene Deutung der Geschichte führt in neue Abgründe. Ich fange an, mich zurückzuträumen in die ersten Jahre der Schulzeit.

*

Ich, ein Evangelenkind, gehe, weil sonst keine Mädchenschule in der Nähe ist, zu den Klosterschwestern in die Tagesschule. Dabei weiß ich doch, daß sie einen falschen Gott verehren.
Mama sitzt, seit wir nicht mehr hungern, viel in der Küche und studiert die Bibel. Aus ihrem Mund tröpfeln oder dröhnen Verse aus der Heiligen Schrift, die ihr das Dunkle ihrer Seele aufhellen sollen. Sie erlebt lauter Offenbarungen und will uns zwingen, daran

teilzunehmen. Sie verehrt jetzt den uralten Kanzler und spricht vom christlichen Abendland, das auch der Führer einen und retten wollte. Alle haben sie ihn mißverstanden. Die Juden siegen noch im Untergang. Sie sind ins Blut der Amerikaner eingedrungen, aber der Herr wird sie schlagen wie einst die Amalekiter, und die Gerechten werden erhöht werden, denn der Herr hat ihnen neues Land verheißen, und er läßt seiner nicht spotten. Die Juden haben schon einmal den Messias verspottet und ans Kreuz geschlagen. Deshalb sind sie Gottesmörder, und Isabella die Katholische hat sie in höchster Gefahr aus ihrem Königreich vertrieben. Auf Judenhaut wollte sie neue Gesetze schreiben. Das Blut der stolzen Spanier sollte wieder rein werden, und wenn Jahrhunderte darüber vergingen.

*

Ich träume: Am Fuß des katholischen Doms — in ihn zieht es mich häufig, obwohl der falsche Gott ihn bewohnt, auch dafür werde ich einst büßen müssen — werde ich von Nonnen nackt auf eine Folterbank gespannt. Sie ziehen mir die Haut vom Rücken, um darauf zu schreiben. Ich kann die Zeilen nur mühsam lesen, bis ich erkenne: Es ist das neue Glaubensbekenntnis, in dem von der heiligen katholischen Kirche die Rede ist. Sie haben mich als Ketzer entlarvt, und die dunklen Männer, für die Mama gekocht hat, kehren wieder als düstere Priestergestalten, als Folterkünstler der Inquisition. Ich presse die Lippen zusammen, bis sie dünn bleiben, damit nichts von meinen Geheimnissen ans Tageslicht kommt. Denn die Nonnen kennen und stoßen schwere und düstere Drohungen aus, die sie wider die Ketzer richten, die am Jüngsten Tag erst richtig anfangen werden zu schmoren, und ihnen und uns, die noch im Jammertal wandern, erleichtert kein Tod durch Kugel oder Gas das ewige Leben in der Hölle. Die Juden kennen keine Hölle, deshalb ist ihr Sterben nicht schlimm. Sie sind erlöst vom irdischen Elend, während wir uns lebenslänglich ängstigen müssen, ob der Herr uns zu den Böcken oder den Schafen weist.

*

Weil Mama sagt: »Du bist bockig und treibst mich zur Verzweiflung«, schaue ich manchmal ängstlich nach, ob mein Fuß sich behaart und paarhufig wird. Dann weiß ich beim Einschlafen nicht, zu welchem Gott ich beten soll, und wende mich an ein kleines Marienbildchen, die Sixtinische Madonna. Wenn ich lange genug hinstarre, schenkt sie mir Schlaf.

*

Aus einem Kindertraum der katholischen Grundschulzeit erwache ich schreiend. Ein Ketzer hängt ausgespannt zwischen den Türmen des Doms. Sein Fleisch fressen die Raben, doch es erneuert sich täglich.
Meine Schulkameradinnen dürfen zur Beichte. Sie treten mit munteren Gesichtern aus den Beichtstühlen, die ich in heimlichem Neid umlauere. Ma-

mas Bibellektüre hat sich festgefressen an der Apokalypse. Es ist ihr ein erneuter Gottesbeweis, daß der Heilige Geist schon alles wußte, was im Zweiten Weltkrieg geschehen würde. Sie fühlt sich auserwählt, daß sie das alles miterleben durfte. Was bedeuten da schon offene Beine: Hiob hat es weit schlimmer getroffen, und Gott hat ihn am Ende erhöht.

*

Später, auf der Oberschule, komme ich zu den Diakonissen. Der katholische Gott versinkt in brüchigem Vergessen. Das Marienbildchen liefere ich nicht aus, ich trage es, wenn es sein muß, im Schuh, damit es nicht der evangelischen Inquisition anheimfällt. Der Papst hat die Kirche verraten. Er hat gepraßt und ist der Hurerei verfallen. Wir dürfen nicht fragen, was das ist, aber ich fühle mich verwandt mit dem armen Papst, der es dem lieben Gott nicht recht machen konnte. Martin Luther wechselt täglich die Farbe. Mal wirft er ein Tintenfaß nach dem Teufel, mal ist er selbst in schwärzeste Tinte getaucht. Auf einer Burg ist er gerettet worden. Vielleicht hat er auch im Keller gelebt und ist eines Tages verraten und abgeholt worden. Irgendwann läßt Mama uns alle taufen, weil das eben, wie sie sagt, im Krieg vergessen worden ist.

*

Wenn Mama böse mit mir ist, sagt sie: »Du bist ein Satansbraten.« Wenn ihr Zorn nicht mehr so groß ist, nennt sie mich ein Teufelsweibchen. Da schwingen Schauder und Anerkennung mit. Sie erzählt mir oft, ach, allzu oft, daß mein Bruder mich umtauschen wollte, gegen etwas Nützliches, was alle brauchen konnten. Sie tun gerade so, als hätte ich ihr Leben verdorben, als hätte ich den Krieg angezettelt. Nein nein, das nicht. Aber daß er so schlimm für uns war, daran bist du schuld! Ich schaue auf meine Füße, ob die schwarze Bockswolle sprießt oder das lieblich gekräuselte Haar des blonden Lamm Gottes. Ich habe sie alle ins Unglück gestürzt, also will ich sie auch wieder erlösen. Aber diesmal wird Jesus kein Mann sein, sondern ein Mädchen, das sich, wie Saulus in Paulus, verwandelt von einer kleinen Hexe in eine Retterin.

*

Hitler ruht im Kühlfach, und der jeweils falsche Gott auch. Denn daß der Führer tot ist, das könnt ihr mir nicht weismachen, sagt Mama. Niemals hat der sich umgebracht, er ist höchstens im Kampf gefallen, aber später durch den unterirdischen Gang verschwunden, von dannen er kommen wird, zu richten die Feiglinge und die Verräter. Deshalb müssen wir Treuen für immer sein Andenken bewahren, auch wenn das heute nicht gern gesehen wird. Ich piesacke die Mutter und lasse mir das Fragen einfach nicht verbieten: Was ist das, die braune Barbarei, und wie hängt sie mit meinem Namen Barbara zusammen, und habe ich deshalb den Geheimnamen

Ruth bekommen, um bei Gefahr durch den unterirdischen Gang zu entwischen? Wenn ich nur wüßte, wo der Gang aus dem Keller unter Wienekes Schusterwerkstatt – er sei übrigens bald nach dem Krieg gestorben, an der Schmach, wie Mama sagt –, also wo der Geheimgang ins Freie führt, so daß man beim Rhein herauskommt und ein Walfisch oder ein U-Boot aus Südamerika einen mitnehmen kann.
Im Keller kämpft der katholische mit dem evangelischen Gott, und der Führer ist Schiedsrichter. Manchmal reiße ich ganz schnell die Tür auf, um sie noch zu sehen. Aber sie verschwinden zu rasch im dunklen Hintergrund, oder sie verwandeln sich in Sellerie und Kartoffeln, Lacrimae Christi, den Heiligen Geist in der Flasche, oder in Liebfrauenmilch, die Mama trinkt. Nachts kommen sie heraus aus der Tiefe und tummeln sich in meinem Kopf. Wenn ich groß bin, will ich das alles aufschreiben, weil es mir ja sonst doch keiner glaubt.

*

Meine beiden Schwestern, ein Jahrzehnt älter als ich, haben ein paar Jahre nach dem Krieg Frontheldem geheiratet. Der eine Schwager reist mit seiner arischen Gemahlin von einem Kriegsschauplatz zum andern, er hat sich eine Filmkamera gekauft, damit sie ihn in den alten Posen und vor den alten Hintergründen aufnehmen kann. Sie haben viel Besuch aus versunkener großer Zeit, und ich merke, daß Mama das Mutterkreuz gar nicht hätte wegschmeißen müssen. Denn sie tragen ungeniert Männerkreuze an der

Brust und beugen sich über alte Fotos mit Uniformen, Panzern, Bunkern und Massengräbern, in die Juden, Partisanen und Russen purzeln. Oder Polen. Jedenfalls Untermenschen.
Mama will nicht, daß ich dort hingehe, wenn Besuch da ist, weil ich sie hinterher wieder mit Fragen quäle. Deswegen, vielleicht, muß ich für einige Jahre ins Internat. Jetzt sind alle Kinder aus dem Haus, und die Eltern könnten einen neuen Anfang machen.
Der andere Schwager gehört einer rechtsradikalen Organisation an, liebt Sonnenuntergänge und alte Lieder. In einem von ihnen kommen Zeilen vor, so ähnlich wie: Morgenrot, Abendrot, der Führer bäckt Johannisbrot. Und wieder erklärt es mir keiner, aber alle lachen und scheinen zu wissen, was gemeint ist.

*

Zwischen der Nonnenschule und dem Diakonisseninternat lebe ich eine Zeitlang zu Hause. Mama nimmt mich mit in den Gottesdienst, den sie nie versäumt. Ich muß mit, weil sie mich nicht alleine lassen kann. Danach aber läßt sie mich alleine zum Kindergottesdienst zurück und hat keine Angst mehr wegen des Heimwegs. Sie scheint Gefahren zu kennen, die auf mich lauern, von denen ich noch nichts weiß. Später habe ich, wenn ich mich wirklich in Gefahr fühlte, schnell hintereinander katholisch und evangelisch gebetet und am Schluß das Lied gesummt: »Du, du liegst mir im Herzen, du, du liegst mir im Sinn.« Es war beruhigend oder senkte die Unruhe in tiefere Schichten ab. Zwischen die Choralstrophen im Kindergottesdienst drängen sich Lieder und Gedichte aus der Kindergartenzeit, in denen der Führer uns beschützt und unsere Lieben im Felde.

*

Gott ist ja im Eisblock in meinem Inneren eingefroren. Keiner merkt, daß ich selbst innen tiefgefroren bin. Manchmal will alles viel zu schnell auftauen, weil das Fernsehen in die Kühlfächer des Vergessens strahlt. Und auf einmal kommt Hitze auf. Es gibt Träume, nach denen ich tagelang Fieber habe. Bis ich wieder alles vergesse.

*

Weil ich oft nicht essen mag, was Mama kocht — daran hat sich seit den Tagen der gestiefelten Männer nichts geändert —, brauche ich Geld. Und einfach klauen mag ich es nicht. Mama findet ohnehin, daß ich ein schlechtes Kind bin. Aber ich lerne, nein, ich erfinde neue Formen des Einkaufens, bei denen es nicht so leicht auffällt, wenn ich heißhungrig esse oder Geld behalte. Wenn ich etwas kaufen soll, das mir schmeckt, verlange ich zwölfhundert Gramm statt einem Kilo und stopfe mich voll auf dem Heimweg, oder ich bestelle beim Metzger ein Viertelpfund Wurst statt hundert Gramm. Aber wenn ich etwas von dem Geld brauche, das Mama mir mitgibt, dann verlange ich 400 Gramm statt einem Pfund und beschlagnahme, was übrig bleibt. Überall wird beschlagnahmt. Ich glaube, Mama zerbricht sich manchmal den Kopf, ob da etwas nicht stimmt, aber sie kommt mir nie auf die Schliche. Sie setzt mir statt dessen mit düsteren Mahnungen zu, spricht von den Mühlen Gottes, die langsam mahlen. Aber, sagt sie drohend: sie mahlen. Und nachts mahlen sie tatsächlich in mir weiter. Später erfahre ich von den Mühlen des Todes und weiß nicht, ob Mama daran schon damals gedacht hat. Ich höre nicht auf, die Einkaufsbilanzen zu fälschen, aber die Angst nimmt zu, es werde ein böses Ende mit mir nehmen. Ich glaube, Ruth hatte solche Probleme nicht. Jedenfalls kann ich meine Sorgen nicht mehr mit ihr besprechen.

*

Ruth ist noch heute einmal innen, dann wieder außen. Sie kann durch meine Grenzen hindurchgehen, doch wenn ich meine, über sie verfügen zu können, wird sie besonders eigenwillig. Wenn ich zu ihr spreche, oder wenn ich ihr schreibe, ist sie außen und heißt Ruth. Sobald ich, wenngleich still, zu anderen Menschen über unsere Hitler- und Christusgeschichte spreche, verändert sich mein Gesicht, so daß ich spüre, jetzt sitzt sie in mir und steuert mein Lächeln und meine Rachegrimassen.

*

Ich wettere gegen alles, was ich für moralisch verderblich halte, weil ich nicht immer unter der Last meiner Schuld ächzen will. Besonders, wenn ich aus dem Kühlschrank genascht habe, kann ich verstehen, daß unser Pfarrer dagegen predigt, daß jetzt jeder einen Kühlschrank braucht, statt gottesfürchtig zu sein. Manchmal hört es sich an, als sei der Kühlschrank der Teufel selbst, aber wie kommt der Teufel, der vorwiegend katholisch oder antikatholisch ist, aber trotzdem nicht evangelisch, in unseren Kühlschrank oder in unsere Küche? Wie verhält sich der süße Saft der ewigen roten Rüben zum Blut Christi und zum blutigen Untergang des Reiches? Nehmet und esset, dies ist mein Leib. Aber kann man Blut und Boden essen, ohne Bauchweh zu kriegen, und was ist eine Blutfahne, von der mein Bruder spricht, und eine Fahne von Liebfrauenmilch? Und was ist ein Blutsturz, an dem in der Nachbarschaft Menschen sterben, die zu lange in Sibirien waren? Nehmet und esset, dies ist mein Leib! Wenn so der Pfarrer immer wieder betet und ich unsicher bin, was er meint, schaue ich auf Papa, der ab und zu widerwillig mit Mama zum Abendmahl geht, und überlege, ob er oder wer von all diesen verhärmten Menschen in höchster, aber wirklich nur in allerhöchster Not von Mamas Leib essen würde, und krümme mich vor Ekel und wünsche ihnen trotzdem den Mut zum Kannibalismus. Allerdings tuscheln in der Schule die Kinder immer nur von Menschenfallen und Büchsenwurst, die man aus ihnen macht, vor allem der Russe. Aber auch bei uns am Rhein ist viel vom Schmoren menschlicher Körper die Rede: mal andächtig-gruselig, wenn es ums Einäschern geht von Leuten, die partout nicht zu den Würmern wollen; mal merkwürdig betont, weil man ein Krematorium dazu braucht. Bei den Höllendarstellungen handelt es sich aber meist um ein offenes Feuer, dem man, auch wenn man schon angesengt ist, noch entgehen kann: Wenn man richtig und echt bereut und eingeölt ist, bei den Katholischen; wenn die Gnade kommt, bei den Evangelischen. Und wiederum bleibt unklar, wieso Böcke brennen und Schafe nicht. Die Geschwister lachen immer nur, wenn ich danach frage. In der Schule habe ich oft Kopfweh und gelte als verträumt. Mein Bruder sagt: »Mach dir nichts draus, du bist eben ein Legagenie.« Darauf bin ich eine Weile stolz.

*

Mit allen Menschen, die etwas von unserer wirklichen Geschichte wissen könnten, brechen »wir«. Wir ist Mama. Papa verliert seine Familie, wir Kinder verlieren Basen und Vettern und den Zugang zu einem Teil unserer Herkunft. Bei unbedacht hingeworfenen Wörtern und Namen bricht unberechenbar ein lastendes Schweigen aus, oder Mama wechselt das Thema. Sie bemüht sich nicht einmal, dies geschickt ablenkend zu tun. Nein, es geschieht tyrannisch und unter Androhung einer Nervenkrise, die natürlich keiner will. Wir formen die Welt nach dem Stand ihrer bedrohten Nerven. Zwischen ihren offenen Beinen und den blank liegenden Nerven besteht eine Verbindung: Sie bilden als Sing- oder Kreischstimme mitsamt dem Kontrapunkt der Migräne ein Duett.

Die Geschwister können sich dem allem leichter entziehen, sie haben bereits wichtigere Dinge zu tun im Leben als ich, und seien es nur Mathematikarbeiten und drohende Englisch-Diktate, hinter deren Vorbereitung sie sich verschanzen. Ich beneide sie glühend und verstehe nicht, warum sie sich partout nicht mehr in ihren früheren Uniformen zeigen wollen, so sehr ich auch darum bettle.

*

Ganz allmählich werden wir ein Clan der Enterbten, Mißbrauchten, Vertriebenen, Entrechteten, Beraubten. Es geht um Kriegsopferrenten, Beschädigtenausweise, Wiedergutmachung. Über der Familie schwebt ein Unrechtsbewußtsein, aber eines Unrechts, das uns geschehen ist. Viele Unterhaltungen drehen sich um das Thema Bescheinigungen und Zeugen und Zeugnisse.
Manche Menschen, die ihr gute Zeugnisse schreiben, bekommen von Mama gute Noten, obwohl doch die Noten der Geschwister und bald auch von mir von den Lehrern gemacht werden. Manche Zeugen sind Spitze, und manche sind »anpasserische Ekel«. Eine Hand wäscht die andere, man muß sehen, wo man bleibt, Vitamin B verwechsle ich mit dem entsetzlichen Lebertran, den es auch wegen der Vitamine gibt.
Aber wir müssen den Schweden oder den Norwegern dankbar sein, daß sie uns den Lebertran liefern, obwohl wir sie bis zum Nordkap erobert hatten. Mein Bruder hat sich alles in seinen Atlas eingezeichnet. Ganze Fjorde sollen voll sein von Schiffen, die wir versenkt haben, oder der Tommy, der uns aber nie gewachsen war, und die Wale hatten fette Beute,

und so kommt noch etwas zurück zu uns aus den untergegangenen Schiffen.

*

Die Amis essen rosa oder orangenen Käse. Die Kaugummis, die in manchen Care-Paketen sind, schenkt Mama dem Briefträger. Kaugummikauen ist nicht deutsch, sagt sie. Als ob der Briefträger kein Deutscher wäre. Manche Pakete haben Absender, manche nicht. An die mit Absendern muß man Briefe schreiben, wie dankbar wir sind. Mama diktiert sie uns, »weil das ja sonst aufhört mit den Paketen«.

Wenn so ein Paket kommt, ist die Stimmung oft nicht gut. Mitten in der Freude explodiert Unzufriedenheit, und natürlich gibt es Streit, wer von was wieviel bekommt, und da Papa unser Ernährer ist, bekommt er mehr vom Dosenschinken.

Es ist schwierig mit der Dankbarkeit, weil die Amis ja unsere Feinde waren und jetzt unsere Freunde sein wollen. Es sind ja auch Christen, aber ziemlich verrückte, meint Mama, Quäker, ein Wort, über das die Geschwister Witze machen, sie verbinden es mit der Musik von Fröschen. Aber daß sie uns aus dem Hunger heraushelfen wollen, ist großartig, sie füllen ja ganze Schiffe mit Hilfe, und was ich von ihnen halten soll, weiß ich auch nicht. Zuerst haben sie uns kaputtgeschlagen und dann befreit, als wir schon am Boden lagen. Unsere Städte sind futsch. Sie sind neidisch auf unsere Kultur. Und solche Menschen wollen uns entnazifizieren, sagt Mama, aber wenn sie mich in der Nähe weiß, hört sie sofort auf, über solche Dinge zu sprechen. Aus Wut und Neugier, Aufgeschnapptem und Hinzugedachtem male ich Bilder, über die alle den Kopf schütteln. Die Welt bildet sich im Gehirn ab als Karussell.

*

Verwirrt und unsicher ziehe ich durchs Leben und suche Autoritäten, an die ich mich halten will. Ich kann es nicht ändern, daß jeder Zuwachs an Wissen einen neuen Schub von Dummsein bringt. Neue Erkenntnis legt sich auf altes Wissen. Das neuerworbene Wissen ist keine wachsende Summe, die sichere Orientierung gibt, sondern es verstopft immer wieder Kanäle, durch die manchmal ein Erkenntnisschimmer fließt, manchmal aber auch eine dunkle Brühe, gemischt aus Gedankengeröll, Angst und Zorn. An manchen Tagen lebe ich wie unter Wasser, benommen von anbrandendem Druck. Dann will ich schnell an die Erdoberfläche meiner Seele, haste hinauf, lasse alles stehen und liegen, wandere mich müde in der Natur oder berausche mich an Musik. Meine unzähligen Einzelteile kommen für eine Weile zusammen, wenn ich in Musik eintauche, vor allem in Symphonien von Gustav Mahler. Dort folgt auf Chaos Erlösung, oder wenigstens eine Ahnung davon. Mahler muß gewußt haben, daß jeder Schritt, den wir tun, in den Abgrund führen kann. An manchen Tagen ernähre ich mich nur von Obst und seinen Kindertotenliedern. Mich wundert, daß die Menschen so tun, als lebten sie in sicherer Gegenwart. Bei mir braucht es nicht viel, daß ich Ge-

spenster in den Straßen sehe: dunkle Uniformen, schwarz-weiß-rote Fahnenwälder, flüchtende Menschen, Männer mit Handgranaten, in den belebten Straßen öffnen sich Krater, die Frauen haben auf einmal keine Haare mehr, und die Kinder versammeln sich zu einem letzten Reigen. Alles ist unterhöhlt, und ich möchte wissen, mit welchen Kräften sich die Menschen an die Oberfläche des Sichtbaren klammern, um nicht hindurchzufallen. Manchmal höre ich sie dumpf aufschlagen, wenn sie durch das Netz des bunten Augenblicks stürzen. Die Gegenwart ist immer rutschiger Boden, auf dem ich Halt brauche, um auf den Beinen zu bleiben.

*

Wie wäre es, wenn Mama mich abgetrieben hätte? Verzicht aufs Mutterkreuz, Angst vor dem Gefängnis, Bruch und Ungnade des Führers, Todesdrohung; auf der christlichen Etage vielleicht Panik, weil Verdammnis droht. Aber wird dies aufgewogen durch die Pein, die sie durch mich erlitten hat? Sie hoffte auf Glanz durch mich, und ich brachte nur Unheil, gemildert durch meine Pflege ihrer offenen Beine. Warum schlossen die sich nicht mehr? Sie saß und lag viel, wie eine kranke Königin. Was heißt schon Blutvergiftung? Es kommt darauf an, wer das Blut vergiftet. Der Führer hatte eine andere Antwort als die Wunderkuren der Nachkriegsmedizin. Mama suchte Rat bei vielen Ärzten und in Illustrierten, die verrückte Hoffnungen nährten. Sie braute sich Tees aus Pflanzen, die die Geschwister noch für die kämp-

fenden Helden an den Fronten gesammelt hatten. Manchmal dachte ich, sie eitert ihre inzwischen verbotene Liebe zum Führer aus, aber da war ich schon längst ins Studium geflohen und hielt mit den 68ern alle ihre Altersgenossen für potentielle Verbrecher. Herr, ich danke Dir, daß ich nicht bin wie jene. Wem soll ich danken? Die Bibel kennt einen Pharisäergott. Ich wollte meine Unschuld nur meiner größeren ethischen Kraft verdanken. Einbeinig humpelnde Männer mit umgeklappten Hosenbeinen trugen für mich ihre wohlverdiente Strafe zur Schau. Ich sah sie ohne Mitleid. Warum sollten nicht Granatsplitter ihre Glieder zerfetzen und der russische Winter ihre Zehen abfrieren? Wie zeugen Krüppel trotzdem neue Kinder? Wie halfen Frauen, die keine gesunden Männer mehr fanden, ihren amputierten Helden in die unvermeidlichen Fortpflanzungsstellungen? Die meisten meiner Jahrgangsgenossen sind noch auf kurzen und hektischen Urlauben gezeugt. Drei Tage Bahnfahrt von der Front nach Hause; drei Tage Kinder herzen und Kinder zeugen; Abschied mit Todesahnungen; drei Tage Fahrt an die Front, die während der Heimattage schon wieder zurückbegradigt worden war. Die Frauen erschraken über das Erzählte oder über die geheimnisvollen Andeutungen. Ihre wieder davonziehenden Männer waren ihnen unheimlich. Selbst nach dem Beischlaf, wenn er glückte, schrien sie nachts auf, so wie die Heimgekehrten später schrien. Der Führer wurde immer gottähnlicher durch das, was er anrichtete. Ein Totengott, für dessen Erleuchtung man dennoch betete und der sich der Feinde und Bomberflotten nicht mehr erwehren konnte. Nicht an ihn zu glauben, war ein Verbrechen, und doch fing er bei vielen im Herzen an zu verfallen. Nur Mamas Glauben blieb unerschütterlich.

*

Ich finde es richtig, daß mein Bruder die Zweifler und Wehrkraftzersetzer erschossen sehen will, auch wenn ich nicht weiß, was ihre Schuld ist. Sie machen dem Führer das Herz schwer und das Kriegführen zur Qual. Mama ist außer sich, daß es Menschen gibt, die ihn töten wollen. Sie betet für ihn an unseren Kinderbetten, und wir schlafen alle besser, wenn wir ihn in Gottes Obhut wissen.
Unnütze Esser verdienen keinen Schutz. Sie essen uns die Sachen weg und sind trotzdem nicht brav. Das muß auch der liebe Heiland einsehen. Der Onkel Doktor paßt auf, daß keine falschen Kinder abgeholt werden. Aber wer nicht verdunkelt, ist selber schuld und lockt die Flieger an. Mein Bruder kontrolliert Mama, ob sie keine Ritzen läßt, durch die das Licht entweicht und das Dunkel hereinkommt. Er redet dann mit ganz anderer, drohender Stimme zu ihr. Dabei hat er abends gar nicht seine Uniform an. Im Luftschutzkeller trägt er »Verantwortung wie ein Großer.« Er überwacht die Koffer, die wir gepackt halten müssen. Unbarmherzig sondert er die schwarzhaarige große Puppe immer wieder heraus aus dem Notgepäck und überläßt sie den Fliegern.

*

Wir sitzen beim Abendbrot, ich darf einen Löffel Kunsthonig in die bläuliche Magermilch rühren. Da: Luftalarm. Aus irgend einem Grund scheint Mama tiefer erschrocken als sonst. Aus dem Radio ertönen aufgeregte Wortfetzen, von denen sich mir nur einprägt: »Bomber im Anflug auf das Ruhrgebiet.«
»Diesmal sind wir dran«, sagt Mama, als ob sie es schon vorher wüßte. Sie schreit uns an, nicht in den Keller im Haus zu gehen, sondern zum Bunker, zu dem man die Straße hinunter rennen muß. Sie packt ihren Koffer und mich und rennt die Treppe hinab. Meine Milch ist doch noch warm und bekommt vielleicht eine eklige Haut. Mama tut mir weh, so wie sich mich packt und trägt. Die Geschwister rennen voraus. Mama stürzt, ich purzle auf die Straße, Sirenen heulen, Männer schreien und geben Kommandos, Mama schnappt ihren Koffer und rennt zum Bunker. Ich liege und schreie gellend vor Angst, weil ich sie wegrennen sehe. Sie schaut sich nicht um nach mir. In der Ferne krachen schon die Einschläge, und man sieht Feuerschein. Ein Mann hebt mich auf und trägt mich zum Bunker. Ich weiß nicht, ob Mama sich freut, daß ich wieder da bin. Sie hat Schrammen vom Sturz und blutet. Sie ist das Opfer, und Helfer beugen sich über sie. »Ach Gott«, sagt sie, »ich hatte solche Angst.«

*

Noch Jahrzehnte später bemächtigt sich der Traum dieser Szene und stürzt mich in unzähligen Variatio-

nen immer wieder auf die Straße. Mama entschwindet, und mit ihr die Hoffnung. Papa ist weit weg, und die Männer, die mich retten, sind mir fremd. Ich bleibe unsicher darüber, ob in Mamas Panik eine mir feindlich gesonnene Wahrheit ans Licht gekommen ist. Wie kann eine Mutter ihr Kind liegen lassen? Obwohl die Bomben noch nicht gefallen sind in der Nähe dieser Szene, schmücke ich meine haßerfüllten Vorwürfe später aus: »Mutter läßt ihr Kind im Bombenhagel zurück.« Und schäme mich über das Pathos meines Selbstmitleids. Es klingt wie eine Schlagzeile der Bildzeitung, die ich doch verachten will.
Überhaupt bin ich gut im Verachten. Ich verachte gerne, so wie andere gerne rauchen. Es hilft gegen die Ohnmacht. Dafür rauche ich nicht. Rauchen verachte ich auch. Aber wie hängt das mit dem liegengebliebenen Kind zusammen? Ist das Verbindende, das Erinnerung und Gegenwart verknüpft, der Brandgeruch? Wenn ich es nicht verhindern kann, daß in meiner Wohnung geraucht wird, dann würde ich am liebsten die Wände neu streichen. Ich fühle mich beleidigt durch die nicht mehr kontrollierbaren Erinnerungen.

*

Weihnachen ist eingetaucht in Vorfreude und Schrecken. Ich gehe zu den Nonnen in die Schule, aber Vater liest die evangelische Weihnachtsgeschichte aus dem Neuen Testament. Oder ist die auch katholisch? Er bekommt Tränen in die Augen, wenn er sie liest. Alle sind ergriffen, und jeder wehrt sich auf seine Weise dagegen. Aber insgeheim sind wir auch süchtig nach diesem Ergriffensein.

*

Was Hitler im Übermaß schenkte, das Ergriffensein, entwickelt sich in der Familie in kleineren Dosen. Aber etwas stimmt mit den Etiketten und der Zuordnung der Gefühle nicht. Nur Mama scheint es egal, aus welcher Ecke der Seele die erhabenen Gefühle kommen. Hauptsache ein milder Rausch. Vielleicht bindet sie das später an die Kirche, daß ein Rest von innerer Erhebung dort für sie konserviert worden ist. Aber verglichen mit den Katholischen ist es dürftig, was die Flüchtlingsgemeinde in der Barackenkirche an Stimmung zustandebringt. Da wir halb unterirdisch singen und beten, überströmt uns manchmal ein wollüstig-entsetzlicher Zusammenhalt, wie im Luftschutzkeller oder im Überlebensbunker, und schmiedet uns zusammen. Bunkerloyalität. »Und dräut der Feind auch noch so sehr und will uns gar verschlingen …« »Auf Luther lasse ich nichts kommen«, sagt Mama, »in seinen Chorälen merkt man, daß er den Weltenfeind kannte.«

*

Wenn Maria und Joseph heimlich auf dem Esel fliehen, sind sie uns nahe. Ich glaube, wir glauben; weil dort auch eine Flüchtlingsfamilie überlebte, die in Scheunen und Ställen übernachtet hat, fühlen wir uns als geheiligte Überlebende, und ich muß ja niemandem sagen, daß ich als Jüngste, die oben auf

dem Leiterwagen saß, Anspruch auf spätere heilige Ämter habe, wenn nicht auf mehr.
Ein innerer Aufruhr zwingt mich, die Lesung der Weihnachtsgeschichte so zu stören, daß Mama eine Nervenkrise bekommt und Papa mich verprügelt. Die Spannung wird unerträglich. Kein Weihnachtsfest ohne Prügel, vorwiegend für mich. Wir wissen es schon vorher und beobachten fasziniert und entsetzt, wie der Pegel des Hasses steigt. Ich will es verhindern und merke doch: Daß ich die Familie an diesem Festtag in der Hand habe, das lasse ich mir nicht entgehen, auch um den Preis der Schmerzen und der Demütigung nicht. Ich bin Mamas Strafe, und das will in Abständen und bei besonderen Anlässen in Szene gesetzt werden. Jeder spielt seine Rolle dabei, aber die Geschwister verzeihen mir nicht mehr.

*

Papas Rolle kommt mir am schäbigsten vor. Er wird aus seiner Andacht herausgerissen. Wenn er zu lesen beginnt, scheint er heil und mit allem versöhnt. Aber ich ertrage dieses Heilsein unserer Familie in diesem Andacht erheischenden Augenblick nicht. Ich muß gegen die Falschheit kämpfen, ohne es zu wollen. Es überkommt mich einfach. Ich schreie dazwischen, nehme Satzfetzen, auf die sich alle freuen, vorwitzig vorweg. Ich kann Vaters Rolle nicht ertragen, er ist auf einmal so mächtig, als sei er nicht im Alltag ein Versager, der mich nicht vor Mamas Schlägen schützen kann. An Weihnachten darf er, erhaben wie ein Priester, aus der Bibel vorlesen, und er darf schlagen.

Das darf sonst nur Mama, oder er nur bei den wenigen Gelegenheiten, wo ihre Schläge nicht auszureichen scheinen für meine Bosheit. Dann erhält er den »dienstlichen Befehl«, mich zu verprügeln. Später kommt er dann in mein Zimmer und weint sich aus. Es ekelt mich vor seiner Feigheit.

*

Die offzielle Version seiner Geschichte im Krieg ist ein diffuses Heldenepos. Es gibt Bilder von ihm in Wehrmachtsuniform, die heute aber als verschwunden gelten. Er soll in Frankreich mit dabei gewesen sein. Aber nicht bei der kämpfenden Truppe. Er war ja schon vierzig, als der Krieg begann. Also war er hinter der Front, in der Etappe, aber in welcher Funktion? Das blieb zunächst verborgen, aber das Wort »Entnazifizierung« geisterte als Schreckenswort durch die ersten Nachkriegsjahre. Später hieß es, er habe eine große Brücke bewachen müssen, allein gegen den Feind. Ich sah ihn an einer unserer Rheinbrücken stehen, tapfer dem Gegner den Übergang verwehrend. Als immer wieder das Wort Remagen fiel und ich annahm, dies sei etwas ähnliches wie Kuhmagen, aber feiner und bedeutender, verklärte sich das Bild des Vaters zu einem Helden, der ein ganzes Heer ernährte und Deutschland vor dem Untergang schützte, der aber dann doch kam, weil nicht alle so treu waren wie er. Später sah ich dann ein Foto, wie er als Volkssturmmann an einer kleinen Bachbrücke stand und hoffte, daß da kein amerikanischer Jeep vorbeikäme.

Damit stürzte alles zusammen. Er blieb von da an kläglich. Ich glaube, er hatte ebenfalls mit Schuld zu tun, und vielleicht verband uns das. Er verzieh es sich nicht, den christlichen wie den proletarischen, den sozialdemokratischen Anteil im schwarz-weiß-roten Fahnenmeer ersäuft zu haben. Er fühlte sich als Verräter seiner selbst. Und weil das alles an Weihnachten bei der Lesung der Weihnachtsgeschichte geheilt werden sollte, denn es ist uns ja der Heiland der Gnade geboren, der uns unsere Sünden vergibt, brach das Unverdaute und nicht Zusammenpassende aus ihm heraus, wenn ich die Andacht störte, und er durfte dreinschlagen, als stünde er noch vor dem Feind oder hätte es mit hinterhältigen Partisanen zu tun. Vielleicht war der Umgang mit denen sogar sein Geschäft in Frankreich, denn immer wieder lag ein unverständliches Wort in der Luft: Maquis, und manchmal war von Geiseln die Rede und vom rücksichtslosen Auskämmen. Warum mich in französischen Städten die weißen Schilder so faszinierten, auf denen ich Erschießungsdaten entzifferte, wußte ich damals bei der ersten Reise noch nicht. Aber es konnten Vaterspuren sein, schaurige Marken des Schreckens. Damals dachte ich nicht viel mehr als: in diesem Lande war mein Vater als Sieger tätig. Mehr wollte ich nicht wissen.

*

Die Franzosen sind feige, mein Vater ist tapfer. Und mein Vater gehört zu denen, die wie Gott in Frankreich leben und gefährliche Abenteuer bestehen. Er kann ins Schwärmen geraten, von der Kochkunst, den Frauen, den Kirchen und Museen, dem Gänsefett, das den Siegern übers Kinn läuft, und dem Wein, den sie aus verborgenen Kellern holen. »Ja, das war anders als 14-18«, sagt er, als wüßte ich, was sich hinter 14-18 verbirgt. Ich verstehe ja nicht einmal »Siebzehn und vier«, bei dem mir mein Bruder die Weihnachtsplätzchen abnimmt und andere Schätze. 14-18 muß ein untergegangenes Männerspiel sein. Und mein Vater und die anderen haben in ihrem neuen Krieg neue Regeln erfunden, da wird das Spiel schöner, jedenfalls anders, es gibt mehr Gewinner und Gewinne, und man bringt etwas Leckeres mit bei den seltenen Heimaturlauben.

*

Ruth, ich ahne, warum ich mich so an dich klammere. Nicht nur wegen der Spielsachen. Sondern all ihr Juden seid, außer dir, eine graue Masse, die Masse des Ungeziefers, vor dem uns der Führer rettet. Denke ich nicht an dich, habe ich als Kind nichts anderes als das Ungeziefer- oder das Ratten- und das Leichenhaufenbild. Ich kann mir aber nicht vorstellen, daß du so fein und wohlhabend, so eingebettet in Musik, Bücher und Bilder warst, und die anderen waren alle Ratten. Du kannst doch nicht von Ratten stammen. Du mußt Eltern gehabt haben, die dich liebten und behutsam erzogen. Oft weiß ich nicht, ob Synagoge ein schmutziges Wort ist oder ein gutes. Je nachdem, wie man es ausspricht. In einem blauen Buch mit Bildern von deutschen Domen stehen

Mädchen aus Stein mit verbundenen Augen vor dem Eingang und heißen Synagogen. Sie sind so dumm, daß sie nichts sehen oder nichts sehen dürfen. Bist du ein solches Mädchen? Aber du hast vermutlich mehr gesehen und verstanden als ich. Oder hat man dir beim Abtransport die Augen verbunden? Nein, auf den Bildern mit den Güterzügen voller Menschen hat niemand die Augen verbunden. Ihr konntet die Hunde sehen, die nach euch hechelten. Und ihr mußtet sehen, daß ihr nackt wart. Die ersten Nacktfotos in meinem Leben zeigen Juden. Ich muß hinschauen und hinschauen, als käme da eine Wahrheit zutage, über die man sonst nicht sprechen darf. Geschlecht und Fortpflanzung und Tod, Themen, bei denen sich die Nonnen bekreuzigen.

Und dabei solltet ihr euch ja gar nicht fortpflanzen. Das hat man euch mit Bestrahlungen ausgetrieben. Ruth, was weißt du von all dem? Hast du Kinder geboren oder bist du sterilisiert worden? Nein, du warst noch zu klein. Falls sie dich erwischt hätten, hätten sie dich gleich tot gemacht. Du und das Ungeziefer, das paßt nicht zusammen. Als wir aus dem Osten zurückkommen, müssen wir wegen des Ungeziefers auf den Köpfen mit stinkendem Puder eingestäubt werden. Es gibt doch gar nicht so viel Puderstaub in der Apotheke, um damit ganze Züge voller Menschen zu reinigen. Und noch irrsinniger wird es, wenn wir von euch gereinigt werden sollen. Du hast mich gar nicht beschmutzt. Deine Kleidchen und euer Geschirr waren sauber. Weil du meine Schwester bist, in deren Haut ich geschlüpft bin, habe ich

nicht mehr gewußt, wo ich anfange und wo du aufhörst. Deshalb glaube ich die Sache mit dem Ungeziefer nicht. Aber meine Geschwister sind fest davon überzeugt und Mama sicher auch.
Natürlich, wenn ich später die Fotos mit den Leichenbergen sehe, glaube ich nicht mehr, daß ihr Menschen wart wie wir. Und ein paar Bilder aus den Ghettos in Polen, reichen sie nicht, um schwankend zu werden, wenn die Geschwister sie mir voller Verachtung zeigen? Euch hat wohl die Kriegssuppe nicht geschmeckt, ihr feinen Pinkel, und das bißchen Arbeit hat euch zugesetzt, ihr habt nicht gelernt, in die Hände zu spucken und zu arbeiten. Ihr habt früher andere arbeiten lassen und Wucherkapital draus gemacht. Kein Wunder, daß ihr umgekippt seid wie die Fliegen, wenn ihr mal ein Sträßchen bauen solltet. Ruth, verzeih mir, solche Sätze hausen auch in mir, sie fließen heraus wie eine trübe Brühe. Ich brauche dich gegen diese Brühe in mir, hilf mir, mich zu entgiften, ich gebe dir dafür die Spielsachen unbeschädigt zurück, wenn ich kann und wenn ich sie behalten darf, bis der Krieg aus ist. Aber sie sind ja längst verloren, ich habe sie nicht für dich retten können. Manchmal, wenn ich Mamas Haß auf die Juden spüre, fürchte ich, an deinen Kleidern und Spielsachen könnte ich mich mit einer gefährlichen Krankheit angesteckt haben.

*

Aber wann immer eine Ahnung hochkam während der Schulzeit; wenn ein kurzer Schrecken mich beun-

ruhigte über unsere Jahre in der angemaßten Herrschaftswohnung; wenn die Erinnerungen an meine Prinzessinnenzeit mitten in der Geschichtsvorlesung die Gedanken unterbrach und verstörte: Ich schob alles weg, als sei es nur ein schlimmer Traum.

*

Die bösen Träume lassen sich nicht mehr verscheuchen. Ich bin es, die deine Kleider vergiftet hat. Wie mag es gewesen sein, als Mama mich in ihnen herausputzte? Dunkel erinnere ich mich an lange, lange Anproben, an ihr übertriebenes Entzücken, wenn sie mit mir vor den großen Spiegel trat und mich in wildem Tanz herumwirbelte. Ich war gerne Prinzessin. Aber es war ein überdrehter Taumel, ein Karneval mit fleckig geröteten Gesichtern. Und nach mir hat vielleicht ein noch deutscheres Kind die Kleider getragen und vielleicht gesagt bekommen: Sie stammen von Verrätern am Führer, und das Kind, das sie vorher trug, war ihrer nicht würdig. Die verdächtigen Namensschildchen waren längst herausgetrennt, und so bist du, eine spätere Unbekannte, vielleicht ein ausgebombtes Arierkind, nach mir noch in die Judenkleidchen geschlüpft, und auch dir haben sie nicht gebrannt auf der Haut, sondern dir geschmeichelt und dich für den Verlust deiner Habseligkeiten für kurze Zeit entschädigt.

*

Es ist ein eigenartiges Leben, das ich führe: Ich bin aufgepfropft auf ein anderes Wesen, und mein Selbst ist vielleicht gar nicht mein Selbst, aber sicher weiß ich das erst seit ein paar Jahren. Manchmal will ich mich mit einem einzigartigen Schicksal trösten, vor allem, wenn das Durcheinander in meiner Identität zu schmerzhaft wird und ich mich kaum wiedererkenne in einem Abschnitt meines Lebens oder in einer seiner jähen Wendungen; aber dann schäme ich mich und denke an die Toten, die ihre furchtbare Erbschaft aus der Nazizeit gar nicht mehr erst antreten durften oder die ermordet wurden. Dann nehme ich es als meine Erbschaft an, daß ich verwirrt und zugleich schuldig lebe, ohne je bewußt böse gehandelt zu haben. Lange habe ich die Gesellschaft von Menschen gesucht, die mir EINDEUTIG *vorkamen, ich habe sie beneidet und zu lieben versucht. Inzwischen zieht es mich mehr zu denen, die mit mir die große Verwirrung teilen, aber sie annehmen; die ähnliche Brüche in sich tragen und ab und zu die Schmerzen an deren Rändern spüren. Und ich rieche, manchmal schaudernd, diejenigen unter meinen Zeitgenossen heraus, die* EINDEUTIGKEIT *vorgeben und doch nur ihre Brüche verdecken. Manche leben laut, um das ständige Knirschen in ihrem Inneren zu übertönen, wenn die geologischen Schichten der Seele sich ein wenig gegeneinander verschieben. Sie wollen nicht wahrhaben, daß sie Kainsmale tragen, selbst wenn sie nicht eigenhändig gemordet haben. Ihre Augen schauen so verschieden, das eine lauernd, das andere traurig. Wenn man ihnen nur ungenau ins Gesicht schaut, wirken sie bloß ewig wachsam, trotz ihrer Müdigkeit hinter der munteren*

Maske. Sobald man es riskiert, sie näher zu betrachten, stürzt man beim einen Auge hinein in ihre Seele, und das andere schleudert einen forschend zurück, und man fühlt sich böse. Ich höre immer das Knirschen der Schichten in ihnen. Die Erde ist noch unruhig unter ihren Füßen. Trotzdem bauen sie große Häuser und schnelle Gefährte, vor allem: Maschinen, die ohne Störung denken sollen.

*

Die Summe aller Jahrestage der letzten Kriegsjahre und des Kriegsendes, im Fernsehen gierig verfolgt, versetzt mich in schlingernde, sich überstürzende, zeitlich ineinandergeschobene Zustände. Das Kind und die Erwachsene verfließen wie die ursprüngliche Realität und die moderne Abbildung, freilich gestützt von dokumentarischem Material. Dabei war die ursprüngliche Realität schon mehr Phantasma, Zerrbild, Angstbild und Bilderbogen aus Wundern für das Kind. Und die Fülle der reproduzierenden Abbilder ist oft wirklicher als die Erinnerung. Ein Beispiel, wie sie sich bedrohlich ineinanderschieben: Ich führe meine zwei Hunde an der Leine, will hinüber über den vierspurigen, gefährlichen Schnellweg. Der eine Hund zerrt, der andere bremst; der eine trödelt schnuppernd, der andere bellt ungeduldig die rote Fußgängerampel an. Ein Blinder mit weißem Stock und Armbinde hört das Bellen und Verharren und fragt mich: »Können Sie mich hinübergeleiten?« Ich reagiere empört mit einem harten »Nein!«, will jetzt keine Barmherzigkeit üben, der Tag mit schwie-

rigen Notleidenden war beschwerlich genug, bitte nicht noch diese Prüfung: zwei gegenläufig ziehende Hunde, ich selbst ermattet und voller Sehnsucht nach dem kleinen Park; und ein flehender Blinder, der sich sofort einhakt und auf mich einredet. Natürlich nehme ich ihn mit, nachdem ich ihm beschämt erklärt habe, daß zwei Hunde an mir zerren. Wir müssen auf dem Mittelstreifen erneut verharren, der Blinde bleibt untergehakt, kommt mir viel zu nah, ich will seine Geschichte nicht hören, verhärte mein Herz von neuem und warte wütend auf das nächste Grün, fürchte, daß ich, von ihm umklammert, beschmutzt zurückbleiben würde. Erst als ich ihn auf dem rettenden Trottoir der anderen Straßenseite loswerde und die Hunde in den Park sausen, erschrecke ich über meine abweisende Gemeinheit. Das Gewissen beginnt zu toben, ich fühle mich vernichtet vor Scham über meine Grausamkeit, bin schweißgebadet, flüchte früher als geplant nach Hause, erkenne den Mund der Mutter in meinem Gesicht und speie in den Spiegel. Ich fühle mich als furchtbare Deutsche und finde die Folie nicht, vor der sich alles abspielt. Erst ein Traum öffnet die Tore der Erinnerung.

*

Mit Mutter und den Geschwistern, die ungeduldig vorwärts drängen, während ich trödle und Blumen pflücken will, kommen wir an einem großen Haus vorbei. Im Garten sitzen merkwürdige Menschen, Behinderte, Verrückte, in merkwürdigen Stellungen und mit ängstigenden Gebärden. Die Geschwister lachen und deuten mit den Armen hinüber. Einer der Männer tritt aus dem Gartentor oder aus einer Lücke im Zaun und spricht Mama an und scheint nach meinem Bruder zu greifen, oder täppisch freundlich nach mir. Mir graust vor ihm, mein Bruder schreit ihn an. Traum und konkrete Erinnerung gehen ineinander über. Der Blinde trägt einen merkwürdigen Namen: Euthanasio, den ich zärtlich ausspreche. Mein Bruder sagt: die werden bald abgeholt. Mama weist ihn zurecht, aber es scheint ihr nicht ernst. »Das hätte es unter Hitler nicht gegeben, solche Belästigungen«, so oder so ähnlich spricht sie. Und ich weiß nicht mehr genau, ob es den Führer noch gibt, oder schon nicht mehr, oder ob sich auch da die Jahre, 1944 und vielleicht 1948, ineinanderschieben. Aber daß der Führer uns vor dem zudringlichen, geifernden Mann schützen würde, erfüllt mich mit Freude und Bewunderung, ob er nun schon tot ist oder nicht. Denn vielleicht ist er auch als Toter noch mächtig. Manchmal behaupten die Geschwister, daß er noch lebt. Mama sagt: In uns muß er fortleben.

*

Gerda, meine älteste Schwester, wird von den Nonnen geliebt. Sie geht schon aufs Abitur zu, als ich in die Volksschule komme. Später, auf dem Gymnasium, ist sie bereits ein Mythos. Sie war eine Musterschülerin, in vielen Jahren Klassenbeste, ein unerreichbares, leuchtendes Vorbild, ganz gleich, ob bei den »Deutschen Mädchen« oder bei den frommen

Schwestern, die jetzt das Regiment wieder übernehmen.
Wir Mädchen in der Schule gehen morgens, beginnend mit der jüngsten Klasse, zu zweien Hand in Hand, marschieren an zwei Nonnen vorbei, die rechts und links von der ersten Stufe der Treppe postiert sind. Die jungen Mädchen machen einen Knicks, die älteren dürfen gemessen, den Kopf senkend, grüßen. Es findet Haltungskontrolle, Gesichtskontrolle, Kleiderkontrolle, Frisurenkontrolle statt. Es ist Sommer, doch wer Arm zeigt, wird unbarmherzig gekniffen. Ich kann mich bewegen, wie ich will, ich werde gezwickt oder lande bei der Oberin im sogenannten Sprechzimmer. Mama kämpft einen merkwürdigen Kampf gegen mich und gegen die Nonnen: sie putzt mich heraus, in zu kurzen Röcken, in eng anliegenden Blusen, die bald meinen kleinen Busen zeigen. »Du willst wohl die Jungs auf dich aufmerksam machen«, giftet die Oberin, aber es sind weit und breit keine zu sehen, und ich mache mir nichts aus ihnen. Die Nonnen lassen mich den Rock ausziehen und trennen den Saum heraus. Ich laufe mit dem sichtbaren Knick herum. Mama korrigiert es nicht. Sie wagt nicht, ihre Kleiderkunstwerke zu verteidigen. Sie unterwirft sich und erfindet neue kleine Herausforderungen für die Nonnen. Ich durchschaue das Spiel nicht, fühle mich ungeschützt, bloßgestellt, teile vor dem Loseilen zur Schule ihre Freude an meinem Aussehen, das die Nonnen bald »dirnenhaft« nennen. Es ist, als ob Mama eine heimliche Freude hätte an den Strafen, die ich erleide.

Habe ich ihr den Geliebten geraubt oder den Verdacht des Verrats der Juden doch auf ihr Haupt gewälzt? Oder bin ich das Zeichen für den Verlust des geliebten Führers, der doch mein Pate war?
Sie starrt den jungen Frauen in den Trümmerstraßen nach, die sich schminken, verhöhnt sie, ist empört und kann doch das Hinstarren nicht lassen. Ich fühle mich dauernd schuldig und dennoch herausfordernd gestimmt. Mama schlägt mich, wenn wieder per Brief ein Tadel kommt, und doch fühle ich mich zu meinen Provokationen ermutigt. Ihre übrigen Töchter, von denen sie schwärmt, scheinen ihr nun langweilig, da die früheren Tugenden nicht mehr so viel zählen. Sie ist stolz auf sie und verachtet sie: Wie kann man nur der Liebling der Nonnen werden und der Stolz der Klosterschule? Wieder sind alle Maßstäbe unklar. Ich nehme manchmal einen lüsternen Glanz in ihren Augen wahr, wenn sie mich heimlich ansieht, aber der hindert sie nicht, mir in der Wut den Ohrknorpel zu zerschlagen.
Als ich, Jahre später, mir aus eigenem Entschluß die Zöpfe abschneiden lasse, die ich als letzte in der Klasse trage, gibt sie sich fasssungslos und schreit: »Jetzt ist die Dirne zum Vorschein gekommen. Ein deutsches Mädchen schminkt sich nicht.« Aber ich bin gar nicht geschminkt, ich wollte nur die Zöpfe nicht mehr.
Papa verteidigt mich nicht, wie sollte er auch. Er zählt nicht mehr viel, auch wenn er mir über alle Klippen im Mathemathik- und Physikunterricht hinweghilft. Wenn Mama mich verprügelt, glüht sie auf

rätselhafte Weise. Von Papa kommt höchstens ein schmerzlicher Blick, der meine Verachtung für ihn und meine Sehnsucht nach einem richtigen Vater vertieft. In meinen Tagträumen begleitet er mich zur Schule und stellt die Nonnen zur Rede. Als alles nichts hilft, verspricht er mir, mich von der Schule zu nehmen. Ich finde im Bücherschrank zwei Bücher, in denen ich nur lese, wenn Mama todsicher für Stunden aus dem Haus geht. Eines heißt: »Die deutsche Mutter und ihr erstes Kind«, aber für mich steht auf dem Titelblatt immer: »Die deutsche Mutter und ihr letztes Kind«, und das bin ich. Mir ist beim Lesen, als ob ich sie enttarnte bei ihrem pädagogischen Tun, und das macht die Lektüre schuldhaft und bedrohlich: ich studiere ihre Rezepte. Noch berauschender und gefährlicher ist ein Aufklärungsbuch mit Zeichnungen, die mich erregen. Wenn ich länger darin lese, ahne ich, was die Nonnen mit ihrem ewigen »verderbt« meinen. Ich bin verderbt für sie. Meine beiden älteren Schwestern hat Mama, wie sie sagt, »im Griff«.

*

Die Nonnen, so denke ich heute, sehen damals in vielen von uns Heiden- und Nazikinder, Satansbrut von Schnellbekehrten, die wieder den Schutz der Kirche suchen. Sie holen ihre ältesten Rituale hervor, um uns die anderen, die gerade erst untergegangenen Rituale auszutreiben. Hakenkreuzfahnen werden zu Patroziniumsfahnen umgenäht, Fackeln verwandeln sich in Weihrauchfässer, der hochgerissene Arm wird durch viele Kniebeugen abgelöst. Die Nonnen sind lange Jahre schweren Demütigungen ausgesetzt gewesen. Sie mußten Zivilkleider tragen und durften nur heimlich unterrichten. Vor ihnen sitzen jetzt die Kinder ihrer Peiniger, und viele von denen üben es neuerdings, fromme Gesichter zu machen. »Jetzt, wo alles in Schutt und Asche liegt, sind wir wieder recht«, höre ich einmal die Oberin sagen.

»Sieg heil« geht unter in »Et cum spiritu tuo« und anderem Gemurmel, aber das Gemurmel gefällt mir besser als das Geschrei. Überhaupt zieht mich das Katholische an. Mama hatte vor dem Führer für kurze Zeit an den Gott der Baptisten geglaubt und sich durch dreimaliges Untertauchen neu taufen lassen. Sie bleibt bis zu ihrem Tod eine Suchende, und wenn sie fündig wird, glaubt sie total. Aber daß nur die Katholischen eine Schule in Reichweite ihrer Töchter führen, kränkt sie, und doch findet sie es richtig, die Kinder den Katholischen anzuvertrauen.

*

Die Nonnen lehren uns, was Sünde ist. Da ich den Unterricht bereits mit einer schwer ermeßlichen Schuld antrete, wächst mein Gewissen ins Uferlose. Während meine Mitschülerinnen sich vorsichtig auf denkbare Schuld vorbereiten und ihre kleinen Taten und Gedanken prüfen, ob diese sich schon in die bedrohlichen Kategorien ausweiten, nach denen Gottes Trauer und die Höllenstrafen zugemessen werden, habe ich bereits meine Familie ins Unglück gestürzt und den Tod zweier Juden verursacht. Die Auswei-

sung an die Elbe, auf Soldatenzügen vollzogen, und erst recht die Heimkehr auf dem Leiterwagen vor den feindlichen Heerscharen, die uns angeblich ans Leben wollen, sind ohne biblische Bilder gar nicht zu deuten.

*

Und dräut der Feind auch noch so sehr und will uns gar verschlingen, und der Engel des Herrn aber trat vor Joseph und hieß ihn fliehen des Nachts, oder so ähnlich, aber Joseph war nicht da, Papa im Krieg, Mama hatte keinen Esel zur Hand, und die heiligen drei Könige halfen uns auch nicht, oder höchstens die Mohrensoldaten, aber sie hatten kein Gold und keinen Weihrauch, dafür aber Schokolade und das breite Grinsen. Weihrauch hatten die Ministranten in der Messe, aber wenn sie knieten, knieten sie nicht vor dem Jesuskind in der Krippe, sondern vor der Monstranz oder vor dem Allerheiligsten, und das Allerheiligste war doch das Vaterland und der Boden der Heimat.

*

Ohne meine heimlichen Tröstungen der Phantasie schlafe ich nie ein. Ich spaziere durch die Straßen der Nachbarschaft. Wo ich ein freundliches Muttergesicht am Tage sah oder aus früheren Begegnungen kannte, klingle ich und frage die erstaunt und erfreut öffnende Frau: »Wollen Sie meine Mutter sein?« Sie strahlt beglückt und nimmt mich wie ein unerwartetes Gottesgeschenk in ihre Arme, weint vor Rührung

und sagt: »Wo warst du so lange, jetzt darfst du nie mehr weggehen.«
Das Erwachen, wenn Mama von der Küche her hart an die Wand meines kleinen Zimmers klopft, ist unangenehm und bereits im Morgengrauen in Schuld getaucht. Ich habe sie wieder verraten, bin stolz darauf und traurig, habe immer Angst, daß sie es mir sofort ansieht, versuche, die unsichtbaren Spuren schnell am Waschbecken neben dem Herd abzuwaschen.
Im Herd lodert das Holzfeuer. Wenn Mama zwei oder drei Ringe aus der Platte herausnimmt, um einen größeren Topf auf die Hitze zu stellen, schlagen die Flammen hoch bis fast zur Wäscheleine, auf der unzählige große und kleine Socken hängen. Unser Feuer stinkt nicht, schon gar nicht süßlich. Nur wenn ich Mamas Beine zu lange salbe, mittags, wenn ich aus der Schule komme, brennen die Finger. Mich ekelt vor dem feuchten Brennen, aber der Seele tut die hellweiße Salbe gut. Denn die Sünde klebt noch an den Fingern, da ich abends immer meine Hände zwischen meinen unruhigen Beinen versenke. Die aufregende Wärme, die sich dann im Körper ausbreitet, verschmilzt mit den leuchtenden Gesichtern der anderen Mütter, über die ich in meinem Fundus verfüge und in deren Arme ich mich retten kann. Manchmal wechsle ich auch rasch die Gesichter der Mütter, dann schlafe ich zwar später ein, aber die Erregung ist tiefer. Und ich kann die Erinnerung an die stampfenden Trommeln aus einer früheren Zeit damit verbinden. Große, entschlossen und dro-

hend schauende Jungen mit einer Fahne marschieren über meinen atemlosen Körper. Später weine ich mich in Schlaf und bete: »Will Satan mich verschlingen, so laß die Englein singen: dies Kind soll unser letztes sein.«

*

Bis zu meinem Tod werde ich überzeugt bleiben, daß ältere Geschwister wertvoller sind und mehr Liebe erhalten als das jüngste, auch wenn viele das Gegenteil behaupten.
In den letzten Wochen ist ein ostdeutscher Kirchenoberer bei Dresden erschossen worden. Er hat mich, ohne es zu ahnen, einmal gekränkt. Als ich den Namen in der Zeitung las, entfuhr es mir beim Frühstück: »Hoffentlich ist es der, der mich gekränkt hat.« Er war es. Da schlug das Gewissen wieder zu. Die Mörderin in mir war wieder wach und das Biest, das das Recht hat, Kränkungen mit dem Tode zu bestrafen. Die Erwachsene erschrickt, wenn das Kind es richtig findet, daß das Attentat auf den Führer nicht nur blutig an den Tätern gerächt wird, sondern auch an den Familien. Das meint auch: an den Kindern. Ein Teil in mir möchte den anderen foltern und erhängen.
Als ich Doris Lessings »Das fünfte Kind« las, dachte ich: Da habt ihr Glück gehabt, ich war nur das vierte. Das fünfte Kind bricht wie eine böse Naturgewalt in die Familie ein, schlimmer als ich.
Im Schaufenster eines Second-hand-Ladens für Kinder habe ich die Lackschühchen von Ruth gesehen,

die ich vor mehr als fünfzig Jahren trug. Die Verkäuferin war befremdet, als ich beim Bezahlen weinte. Sie fragte: »Gehts Ihnen nicht gut?« Gegenwart und Vergangenheit fallen wieder ineinander. Ich kann die Schühchen nicht auspacken zu Hause. Sie stehen unter der Zellophanhülle, wie ein Mahnmal.

*

Bevor wir in die Turnhalle dürfen, wo eine hübsche junge Turnlehrerin, die die Nonnen angestellt haben, uns an den Geräten und bei den Ballspielen anleitet, erfolgt Kleidungskontrolle. Es darf nicht vorkommen, daß bei Übungen an den Geräten das Hemd aus der Hose rutscht und Haut durchscheint. Da ich wild und übermütig bin, sieht man bei mir trotzdem immer wieder Haut, und ich bekomme Rügen oder Strafen, wenn eine Nonne ihren Kontrollbesuch in der Turnhalle macht. Aus Wut schlage ich die Schlagbälle über den hohen Zaun. Die Lehrerin muß die Verluste melden. Als sechs Bälle, die nicht so leicht wieder zu beschaffen sind, innerhalb weniger Wochen weg sind, werde ich vom Sport befreit, in der Sprache der Schule: »ausgeschlossen«. Ich bin froh und traurig. Die meisten Gefühle in mir sind so ähnlich gemischt und oft nicht zu fassen.

*

Auf der großen Leiterwagenreise sagt Mama, als sie schwarze Soldaten sieht, die doch die Feinde waren: »Jetzt sind wir gerettet.« Und doch darf ich, wenn wir mal in einem Zimmer mit Fenstern übernachten, nicht hinausschauen. Vorsicht, sagen die Leute, sie schießen vielleicht. Sie sind Feinde und doch keine Feinde mehr, Sieger oder Feinde oder Befreier oder Besatzer oder Amis oder Dschi-Ais mit Panzern und Schokolade. Ich denke, wenn ich hingehe und lieb bin, sind es vielleicht keine Feinde mehr, und auch Mama muß keine Angst mehr haben, daß wir jetzt gerettet sind von bedrohlichen Schwarzen. Nach den deutschen Soldaten sucht das Rote Kreuz, und viele Kinder sind verlorengegangen und werden nicht mehr gefunden oder doch. Ich glaube nicht, daß die schwarzen Soldaten auf mich schießen werden. Einmal habe ich einen gefragt, ob ich seine Hände sehen darf, ob die auch schwarz sind, aber die waren fast weiß. Und wenn mich einer anfaßt oder streichelt, werde ich auch nicht schwarz, aber Mama will das nicht. Sie weiß auch nicht, ob die überall schwarz sind, man sieht es ja nicht unter den Kleidern. Sie haben rote Zungen wie wir, und mein Bruder sagt, daß ihr Blut genauso rot ist wie unseres, aber nicht so gut.

*

Meine Geschwister ragen mit ihrem Leben in eine andere Epoche zurück, die sie zum Teil bewußt oder wenigstens halbbewußt erlebt haben. O Herr, ich danke Dir, daß ich nicht bin wie sie: 1945 viel stärker erschüttert und enteignet als ich, Schwestern und Bruder, die ich doch glühend beneide, weil sie immer mehr gewußt haben als ich von den wichtigen Blut-und-Boden-Dingen. Doch dafür sind sie tiefer braun

eingefärbt worden, aber in ihrem Lebensplan wiederum nicht so tief wie ich, die der stinkende Atem des Führers, du unser Gott, nur wenige Kinderjahre lang gestreift hat.
Bis an mein Ende werde ich denken, ich bin ausgeschlossen, wenn Menschen beim Reden eingeweihte Gesichter machen. Es war furchtbar an der Universität, und schon in den letzten Schulklassen. Aber in den Kloster- und Diakonissenschulen habe ich auch begriffen, daß es ein Eingeweiht-Sein gibt, das dumm macht oder tyrannisch, und da fällt mir auf, aus welchen Tiefen das Wort sich seine Bedeutungen holt: eingeweiht, wie eingeweicht, ja, Spaß beiseite, das ist mir als Kind immer eingefallen, aber auch geweiht oder mit Weihe versehen, und da wirds schon bedrohlicher, und ich bin froh, daß ich nie geweiht worden bin — als Frau hat man da ja ohnehin weniger Zugang, aber meine Schwestern haben noch gelobt oder geschworen, und Mama und Papa sicher gleich mehrfach, und von diesen Weihen müßte man sie eigentlich rituell entbinden, aber daran hat keiner gedacht nach dem Krieg, ich weiß nicht, wie man sonst an die Zauberkraft der Gelübde herankommen könnte. Denn auf dem Kompost der Geschichte dauert es lang, bis der Taumel und das Grauen zu Humus werden, und den Führer könnte man sicher in vielen Seelen noch erkennbar exhumieren. Den Führer fände man sicher noch im Blutkreislauf vieler Menschen wieder, auch wenn sie noch Kinder waren, als er schon zu verrotten begann. Er hat eine schützende Substanz um sich, die den Zerfall verlangsamt,

auch wenn dicke Schichten von Trümmermüll über ihn gewälzt worden sind und neuer Schutt aus schnellebigeren Zeiten, man denke nur an den Leib und die Seele von Ludwig Erhard, das wird viel schneller kompostiert, auch wenn in den heutigen mageren Zeiten nach ihm geschrieen wird, um seine Wunder zu beschwören. Ich habe auch an ihn geglaubt, lieber als an den alten Kanzler, den mochten Papa und Mama zu gern, das war mir verdächtig; zu Großvätern habe ich eh keine gute Beziehung, so beruhigend der Wirtschaftswundertäter auch auf mich gewirkt hat. Später wollte ich doch lieber zu den intellektuellen »Pinschern« zählen, die er so wenig gemocht hat, und schon wieder herrscht das Durcheinander in mir, ich brauche wieder eine große Portion Mahler, um nicht zu zerfallen oder die Hoffnung zu verlieren.

*

Aus Büchern kann ich abstürzen, ohne es vorher zu merken. Zwischen den Zeilen öffnen sich Falltüren, wenn ein Wort oder ein Gedanke Früheres streift, oder wenn im Text hinter einer Nebelbank Gefühle auftauchen, die wieder hinter eine neue Nebelbank führen, und dahinter warten Schrecken und Schuld. Es taucht nicht zuerst ein klares Gefühl auf, sondern kleine Anzeichen, Vorzeichen, Warnsignale, Angstschwellen, kleine Beschwichtigungsversuche, ein Kopfheben, ein Ankrallen an die Gegenwart, und dann die Sause nach unten. Also habe ich oft Angst vor dem Lesen und betrachte ein neues Buch wie ver-

räterisches Gelände, das plötzlich oder unmerklich bodenlos wird. Absturz oder langsames Versinken im Sumpf, das sind die zwei Hauptvarianten meines Verschwindens in der Vergangenheit. Jemand müßte eine Leine erfinden, mit der ich mich an der Gegenwart festbinden könnte. Ich würde viel dafür bezahlen. Ich würde mich sogar überwinden, angeseilt herumzulaufen, wie manche Mönche. Ich habe mich oft gefragt – auch wenn ich weiß, daß ihre Seile um den Leib die Gelübde symbolisieren –, gegen welche Gefahr sie sich ans Seil gebunden haben. Vielleicht ein Haltegriff für den Heiligen Geist, wenn der Teufel sie auf die schiefe Ebene holen will.

*

Oft wache ich auf, wenn es noch ganz dunkel ist, und muß aufgeregt an die Schule denken. Ich darf niemanden wecken, auch wenn die Stunden qualvoll lange sind. Schlaflose Kinder gibt es nicht, sagt Mama, und ich soll nicht so übertreiben, wenn ich mal kurz aufwache in der Nacht. Und wenn ich meine Hausaufgaben immer artig machen würde, brauchte ich auch kein schlechtes Gewissen zu haben. »Ein gutes Gewissen ist ein sanftes Ruhekissen!« sagt sie; ich kann in ihren Augen, und damit auch in meinen, gar kein gutes Ruhekissen haben, weil ich ab und zu ein bißchen notlüge und sie mir das ansieht. Aber manchmal findet sie es gut, wenn ich den Nonnen nicht alles erzähle oder nur etwas Harmloses. Mit dem Erlaubt- und dem Verboten-Sein ist es schwierig. Jeder sagt etwas anderes, »im

Brustton der Überzeugung«, wie Mama immer sagt, wenn sie den neuen Bürgermeister nachmacht oder andere Menschen auf Ämtern, mit denen sie verhandeln muß, wegen der Miete oder so. »Lauter Gesocks, was jetzt schnell hochgekommen ist, nach denen hätten wir uns vor dem Krieg nicht einmal umgedreht.

Es ist keine Treue mehr unter den Menschen, und das mit der Währungsreform ist doch sowieso der größte Beschiß, wer sich da alles gesund stößt, und auf einmal waren sie alle gegen Hitler. Und was die heute in den Zeitungen herumschmieren lassen, nachdem der Propagandaminister gerade ordentlich ausgemistet hat. Plötzlich soll alles falsch gewesen sein. Daß die Kerle sich überhaupt noch in den Spiegel zu schauen trauen!«

Ich schaue ziemlich oft in den Spiegel, weil ich so gerne in mich hineinschauen würde. Langsam lerne ich, in meinem Gesicht zu lesen. Nicht immer schöne Dinge. Und Fratzen schneiden. Am liebsten spiele ich »verderbt« und probiere es draußen aus, zum Beispiel, wenn ich ein paar Besatzungssoldaten vorbeischlendern sehe. Wenn die Straße von ihren Pfiffen widerhallt, komme ich mir schon ziemlich groß vor, auch wenn es mir ein bißchen unheimlich ist. Die Oberin läßt deswegen einmal die Mama kommen, und die spricht dann mit Papa ein ernstes Wort, und der druckst dann herum mit mir. Dabei will ich nur die früheren Feinde »kirre« machen, weiß allerdings nicht genau, was das ist. Kirre ist irre und kribbelt auch, genau wie der Führer und die HJ-Trommeln.

Ein Mädchen aus Gerdas Klasse wird immer dicker, in der Schule wird getuschelt, sie muß in ein Heim, und dort bringt sie »was Schwarzes« zur Welt, ich stelle mir einen struppigen Köter vor oder noch Schlimmeres, die Schwestern haben viel zu kichern, und ich bin mal wieder »außen vor«. Eine andere bringt »etwas Goldiges« zur Welt, und trotzdem fliegt sie von der Schule. »Neger sind auch Menschen«, sagt der Vater einer Freundin, »aber trotzdem werden sie in Amerika gelyncht, wenn sie sich an einer weißen Frau vergreifen, und das ist gut so. Negerliebchen wollen wir nicht in unserer Stadt, und wenn, dann nur in geschlossenen Häusern«. Soll man sie denn einsperren wie die Russen an der Elbe, und müssen sie dann im Kreis gehen und werden am Ende doch erschossen, und wofür? Manchmal droht auch Mama mir mit einem geschlossenen Haus, das klingt erschreckend und verlockend. Mein Bruder erklärt es mir, aber er will mich nur einschüchtern: »Du kommst in die Fürsorgeerziehung, da wird um 5 Uhr aufgestanden, kalter Kaffee und ein bißchen Brot, und den ganzen Tag Arbeit auf den Feldern. Aber Nonnen soll es dort auch geben.« Das wäre schlimm, und doch wäre ich wieder mal gerettet, weil man vielleicht nicht erschossen wird, wenn man bei den Nonnen ist und trotzdem einen Apfel klaut.

*

»Ein deutscher Junge weint nicht«, trompetet mein Bruder, wenn eine der Schwestern mal heult. Der Angeber. So versucht er seine Position zu halten, die bedroht genug ist. Dabei habe ich ihn ja einmal weinen sehen, und das nur wegen einer schlechten Note! Als ob mir schlechte Noten etwas ausmachten. »Da lachen ja die Hühner«, sagt Mama. Aber ich beweise, daß ein deutsches Mädchen auch nicht weint, selbst wenn sie mich auspeitscht. Dafür weint dann Papa, der nicht eingegriffen hat. Der geborene Zuschauer. Außerdem: Jesus am Kreuz hat auch nicht geweint, nur ganz am Schluß hat er Gott gefragt, ob es nicht anders geht. Doch der hat sich nicht gemeldet.

Eltern, die ihre Kinder opfern, mag ich nicht. Meine Seele ist zwar voller Sünde, und Jesus und die Nonnen brauchen das Sündig-Sein nur noch zu nähren und nach Paragraphen zu ordnen. Für meinen wachsenden Schülerinnenverstand ist das Christentum viel zu grausam, und so lasse ich es fahren, mit dem Kopf, auch wenn es fast am Rückenmark angelangt war und noch immer meine Reflexe leitet, ganz wie wir es in Naturkunde bei den Fröschen gelernt haben.

Ich weiß nicht, ob andere Kinder auch ihre Mütter totwünschen. Es ist kein schönes Gefühl, und dahinter wartet sicher eine Höllenstrafe. Vielleicht habe ich es für den Vater mitgewünscht, weil er sich aus eigener Kraft nicht gegen sie wehren konnte. Aber dafür mußte ich ihn leider verachten. Auf jeden Fall habe ich das Weinen aus meiner Kindheit getilgt mit der Kraft eines Trotzes, den ich selbst nicht mehr zurücknehmen kann. Ich bin vorbereitet auf die Folter, ich kann den Körper totstellen, und trotzdem bin ich froh, daß es beim Auspeitschen bleibt.

*

Als er starb, hat er sich von den anderen drei Kindern verabschiedet, von mir nicht. Er verwechselte mich und redete mich als meine Schwester an. Er war einfach nicht da in meinen ersten Lebensjahren, er hat mich nicht aufwachsen sehen, bis ich sieben war, vielleicht hat sich da kein festes Bild in ihm geformt, oder ich war einfach störend. Später verwendete mein Bruder einmal ein schreckliches Wort: Lebensunwertes Leben. Ich glaube, ich war nahe daran. Die Drohung mit der Fürsorgeerziehung stand nach dem Krieg im Raum, ein paar Jahre früher wäre ich vielleicht wirklich in Gefahr gewesen, unter schrecklichen und doch für viele wohlklingenden Vorwänden beseitigt zu werden. Aber da geht vieles durcheinander zwischen meinen Gefühlen, ich sei zuviel und doch ein unnützer Esser und der Volksgesundheit nicht zuzumuten, und der möglichen Realität, daß das Mutterkreuz mich doch gerettet hätte.
Ich war mir immer sicher, daß ich keine Kinder haben wollte oder durfte, aber nach welchem Gesetz, frage ich mich heute. Hätte ich sie angesteckt mit schwer benennbarer Erblast und ihnen ein unzumutbares Leben zugemutet? Macht sich strafbar, wer sich fortpflanzt, ohne ein wirkliches Lebensrecht zu haben? Mama hat das Mutterkreuz für ein Monster

bekommen, und Monster müssen unfruchtbar bleiben. Ich weine Tag um Tag um die nicht empfangenen Kinder, und es faßt mich ein Entsetzen, daß sie vielleicht nicht geboren wurden, weil ich, ohne zu wissen, was das ist, die Erbgesundheitsgesetze befolgt habe oder Bruchstücke davon, die in entstellter Form in mich eingedrungen waren. Lebensunwert wegen ungeheuerlichen Verrats, aus Treue zum Führer und Wichtigtuerei.

*

Mama gegenüber bin ich eine Bettlerin geblieben, eine Bettlerin um Zuneigung oder auch nur um Duldung. Durch das Leiden, so habe ich in der Klosterschule gehofft, würde ich geläutert, dann könnte wenigstens Jesus mich lieben, und vielleicht spränge sogar ein kleiner religiöser Auftrag für mich heraus, von Sendung und Mission will ich ja gar nicht reden, obwohl die Nonnen manche Hoffnung mit diesen großen Worten in mich eingepflanzt haben, aber alle die Heiligen und Märtyrer sind ja für den Glauben gestorben, und so bete ich oft, daß der Herr mich abrufe, aber vor dem Gesotten- oder Geröstet- oder Gehäutetwerden habe ich doch zu große Angst, und außerdem: die heilige Barbara gibt es schon, und man weiß nicht, wie weh es tut, wenn einem der Kopf abgeschnitten oder das Fell abgezogen wird. Die Eltern sind aufdringlich fromm geworden. Ich will wieder ein Heidenkind werden, aber weiß nicht, ob ich dafür den Führer brauche, oder Trommeln und Fahnen. Und dazwischen liegen ja die Bomben und die große Reise und Schutt und Asche. In welche Zeit gehöre ich?

*

Ruths Schühchen stehen in der Zellophantüte auf meinem Schreibtisch, mit den kleinen Riemen ineinander verschlungen, damit sie nicht getrennt werden in der Gefahr. Aber ich halte den Anblick nicht aus. Der Tränenstrom versiegt einfach nicht. Deshalb bringe ich die kleinen Schuhe zu guten Freunden. Vom Advent liegt noch ein Kranz von Reisig und Trockenblumen auf einer Schale. Wir legen sie in die Schale, und auf einmal entsteht ein kleines Mahnmal, ein einziges winziges Paar Schuhe, herausgenommen aus den Schuhbergen, die ich in Filmen über die Befreiung der Lager gesehen habe, neben den Bergen von Brillen und den Bergen von Leichen. Und auf einmal sehe ich auf dem Marktplatz unserer Stadt ein Monument, das aus einem großen Paar alter Schuhe besteht, die den Weg in den Tod gegangen sind; sie wurden in Bronze getaucht, stehen auf einem kleinen Sockel, nicht monumental, nicht höher als ein Meter, man streift so vorbei beim Einkaufsbummel, manche werfen achtlos altes Papier hinein, und doch gibt es einen kleinen Stich jedesmal, für die Wissenden wenigstens, oder für die, die es sich zu wissen trauen, oder die, die fragen, wohin der letzte Gang derer ging, die sie trugen.

*

Seit einigen Tagen lebe ich anders in meinem Körper. Der Kampf zwischen Barbara und Ruth und die Sehnsucht nacheinander sind zu stark geworden und haben ein Ende gefunden. Ich bin beide. Aber Ruth, ich vergesse nicht, daß du vielleicht zuerst dieses entsetzliche Zeichen am Arm bekommen hättest. Nein, höchstens deine Eltern, wenn sie nicht entkommen sind. Du sollst ein Zeichen in meinem Körper haben, das bezeugt: es gab dich, und du bist ein Teil von mir. Ich habe ja in deiner Haut gelebt, also sollst du auch in meiner Haut leben. An der Stelle, wo die Eltern ihre NS-Zeichen am Revers trugen, aber auf die Haut darunter, lasse ich mir einen Davidstern eintätowieren, groß wie eine Brosche, die Stelle brennt eine Weile, aber das Herz darunter wird ruhig. Bin ich eine Diebin? Erschleiche ich mir eine falsche Zugehörigkeit? Nein, ich will ein Mahnmal auf meiner Haut, aber ich werde es vielleicht nie einem Juden zeigen dürfen, weil er es anmaßend fände, geschmacklos, neurotisch, aberwitzig. Und doch trage ich nun den Davidstern in der Haut, so wie andere auf ihre Weise büßen oder sich identifizieren mit den Opfern oder sie eben schamlos vergessen.

*

Ein seltsames Lied steht für überwundene Gefahr, mir sind nur zwei Zeilen geblieben von einem Lied, das wir in den ersten Schulklassen halblaut gesungen haben, wenn weit und breit kein Erwachsener zu sehen war. So deuteten wir uns, inmitten flutender Sehnsucht nach Fahnen und Musik, nach den Uniformen der Geschwister, nach Trommeln und Gebet für den Führer, den Untergang der Bösen. Sie waren jetzt Gangster und Kinderfänger, sind geschrumpft und haben sich vermischt mit Warnliedern vor dem bösen fahrenden Volk: »Auf den Wiesen, in den Auen, die Nazis wollen Kinder klauen.«

Die einst in den neu geschaffenen Märchen die Guten waren, sind jetzt die Bösen, aber genau weiß man es nie. Die Nonnen erklären uns den Bethlehemischen Kindermord. Es sollen nur die Buben geholt worden sein, aber Ruth war doch ein Mädchen. Die Bilderbibel erzählt schreckliche Geschichten, da rotten die Israeliter andere Völker aus, weil Gott es so wollte, und blasen mit Posaunen Städte um, und der Herr ist mit ihnen und dreht durch, wenn sie die feindlichen Rotten nicht bis auf die letzte Magd vernichten, und unseren Herrn Jesus haben sie dann gekreuzigt, und sie wollen Gottes auserwähltes Volk gewesen sein. Sie hatten eine Wunderwaffe, einen Eselsknochen, mit dem einer ein paar Tausend Philister totschlug. Der Führer hatte auch eine Wunderwaffe, V2 oder noch schlimmer, »nur ein bißchen zu spät«, sagt mein Bruder. Die Israeliter, mit der Wunderwaffe des Führers, hätten nicht nur die Amalekiter und die Angsthasen in Jericho und die Perser und die Babylonier schlagen können, sondern auch die Moskowiter, die Tommies und die Spaghettis und das verruchte Weltjudentum. Im Kopf taumelt es wieder, und am besten stellt man keine Fragen, weil die Erwachsenen lachen, wenn sie nicht weiterwissen; sie lachen mich aus, um nicht verlegen zu werden, denn ich habe noch nie einen getroffen, der das Durcheinander erklären kann.

*

Ein Alptraum, der in friedlicher Stimmung endet: Ich klage meinen Vater an, als Feigling, als unfähig, als hilflos, »du hast mich gar nicht gesehen, du hättest nie mehr ein Kind zeugen dürfen, was hast du aus dir gemacht, mir gemacht, mitgemacht, mitverschuldet, du bist ein elender Nazi gewesen. Ich würde dir gerne dein ›Heil-Hitler‹ auf deine Brust brennen, meine nichtempfangenen Kinder habe ich deinen Untaten zu verdanken.«
So wüte ich und kann nicht enden, die Wut überrollt mich, sie schwemmt mich aber auch auf dich zu, Vater, du öffnest deinen Soldatenmantel und nimmst mich auf in deinen Schutz, ich vermenge mich mit dir, und du beginnst ein Klagelied, das mich zuerst entsetzt und dann in einen Tränenstrom taucht. Du sagst: »Als wir dich zeugten, war noch kein Krieg, und wir glaubten, der Führer sei froh und stolz, daß es keinen Krieg geben wird. Wir wollten noch ein Kind, weil wir auf den Führer vertrauten und weil wir an den drei anderen unser Wohlgefallen hatten und wir uns gesegnet vorkamen, so daß wir uns sogar trauten, leichtsinnig zu sein und Lust zu empfinden. Mit deiner Zeugung ist ein nie gekanntes Glück verbunden gewesen. Wir waren mit einem Urlauberschiff unterwegs, als die Synagogen brannten, und wir haben uns, inmitten der Schadenfreude, geschämt. Denn wir wollten die Juden zwar weghaben,

aber nicht gebrandschatzt und ermordet. Und wir glaubten noch, wir könnten eine gute Ehe führen und euch in Frieden großziehen. Dann kam der Krieg, und ich wurde reaktiviert, war 43 Jahre alt, bewachte Lager und Kreuzungen, am Schluß Brücken, und danach warst du mir fremd, deine Mutter war mir fremd, die älteren Kinder maulten und wollten nicht mehr gehorchen, und wir standen plötzlich mitten in einem verpfuschten Leben und sollten an weiß Gott was schuld sein und uns schämen und büßen und überleben. Und du und Mama, ihr wart wie die wilden Tiere ineinander verkrallt, ewig der Streit, der Krach, die Ausbrüche, dein Weglaufen, der Ärger mit Nachbarn und Lehrern, und immer Mama in der Nähe eines Nervenzusammenbruchs. Aber wir hatten auch schöne Stunden, du und ich, wenn du eifrig warst bei meinen Nachhilfestunden im Rechnen. Du kamst ja auch mit den Geschwistern nicht zurecht, oder sie mit dir, ich konnte es nicht unterscheiden, es war kein ruhiges Heim mehr, angefüllt mit Zuversicht, sondern ein Hexenkessel mit kurzen Ruhezeiten, wenn ich dich auf Spaziergängen an der Hand hielt und manche deiner vielen Fragen beantwortete, bis du mir eines Tages nicht mehr glaubtest, ich weiß nicht, warum. Und denke nur nicht, der Krieg hätte nur die Männer verändert.« Aber das weiß ich sogar besser als er.
Am Ende sitzen wir stumm und weinen beide und sind froh, daß uns wenigstens das gemeinsame Trauern vereint. Denn ich sehe, dir haben sie auch ein Stück Leben gestohlen. Der Krieg hat dich und deine

Frau so verwandelt, daß das Zusammenleben die Hölle war, ich selbst habe das Höllenfeuer kräftig geschürt, und dich brannte die Ungewißheit, ob ich dein Kind wäre, und Mama lachte dich aus, wenn du nachfragtest, ich habe euch belauscht, und »Traust du sie dir nicht zu, das kleine Biest?« oder »Taugte dein Same nichts mehr in der Soldatenuniform?« Solche Worte fielen und vergifteten das Leben für lange Tage und Wochen.

*

Das Monatsblut, das verfluchte, jedesmal die Niederlage, jedesmal der reißende Schmerz und nie die Erlösung: schwanger zu sein. Hätte ich das viele Blut gespendet, vielen wäre damit geholfen worden. Blutgeld, Blutzoll, Blutfrieden, Blutrache, Blutgericht, ja, das ist es, Blutgericht, alles ballt sich in diesem Wort, für mich war das Blut immer Mahnmal und Strafe der Unfruchtbarkeit, und schließlich fing ich an, an Fluch und Schuld zu glauben.

*

Als mein Mann den Davidstern auf meiner Brust zum ersten Mal sah, erstarrte er. Ich hatte ihn weder gefragt noch darauf vorbereitet. Einen Augenblick lang glaubte ich Haß in seinen Augen zu sehen, oder eine Überraschung, die zum Haß führen könnte.

*

Eines Tages überfällt mich Leere wie ein Schock. Ich schaue verloren in einen Abgrund. Wir sind längst wieder zurück vom Elbufer, die lange Wanderung liegt hinter uns. Vergangene Bilder aus der großen Wohnung, aus dem Leben mit Musik und vielen Büchern tauchen auf und verschwinden. Ich lerne mühsam, was erinnert werden darf und was nicht. Die Geschwister wachen über die Tore zum Gedenken. Es gibt nur noch Fotos vom Leben außerhalb der Wohnung, von den Ausflügen in die Umgebung. Von den schwarzen Männern ist nicht mehr die Rede. Manchmal von den versteckten Juden. Die Geschwister winden der Mutter einen Ehrenkranz. Ich selbst verehre sie heimlich und hasse sie täglich und kämpfe um ihre Liebe.

*

Ich habe nach Wieneke gefragt, dem Schuster, dem ich Stunde um Stunde zugeschaut habe, und der mir handwerkliche Fähigkeiten beigebracht hat, die ich noch heute beherrsche. Ich kann ihn in Bildern vor mich hinzaubern. Die Familie erstarrt, es entsteht eine Lücke in der Zeit, die Uhr könnte für einige Sekunden stillstehen, dann tickt sie weiter. Der am wenigsten Fassungslose hat ein anderes Thema aufgeworfen, meist eine Schulgeschichte, Schulgeschichten sind spannend, und Wieneke geht darin unter. Wieneke ist unwirklich geblieben, ich hatte mich kurz verirrt in der Sprache und in der Wahl eines Namens, hatte eine verbotene Erinnerung beschworen. Ich starre auf eine Leerstelle, bin ungeheuer einsam. Dann ist der Fehler getilgt, und ich bin froh und fühle mich doch eine lange Zeit schlecht. Meine

Erinnerung an die Stunden auf seinem Schemel, an sein einverständiges Grummeln, wenn ich ein Werkzeug an einem Lederrest ausprobieren wollte, muß ich für mich behalten. Nur die Ahle ließ er mir ungern. Er fürchtete, ich könne mir ein Auge ausstechen. Ich fand es übertrieben, aber er wußte Geschichten aus seiner Lehrzeit, da ging es um ausgestochene Augen und um geblendete Kinder.

*

Fünf Jahrzehnte später starre ich wieder in die dunkle Leere und will etwas nicht sehen und will es sehen und bekomme Angst vor der Mutter, sie ist längst tot und kann mir doch Angst machen und den bösen Blick bekommen, wenn ich meine Fragen und meine Erinnerungen nicht kontrolliere. Was ist aus Wieneke geworden? Und auf einmal weiß ich es: Er ist nicht vor Kummer gestorben oder von Bomben ausgelöscht worden, sondern von einem Scharfrichter, oder er ist bei der Folter gestorben. Er war es, der die Juden versteckte. Es war ja sein Keller. Die Mutter brachte nur die Essensreste. Aber warum stieg sie ins Verließ hinab? Genügte ihr nicht das Mitwissen? Verbarg sich doch ein Liebhaber im Dunkeln? Oder brauchte sie den Nervenkitzel, die jederzeit vom Tode Bedrohten zu sehen, die nun auch in ihrer Hand waren? Genoß sie die Macht oder die Heimlichkeit? Oder ertrug sie ihre Einsamkeit nicht und fand Nähe zum Sattler in der Verschwörung? Oder war es schon Rückversicherung für das nahende Ende? Ich habe das Geheimnis zerstört. »Wir haben im Keller Juden versteckt«, hatte ich gesagt, und die Gestapo mußte natürlich herausfinden, wer sich hinter dem Wir verbarg. Schob Mama alles auf Wieneke und wurde nur der Mitwisserschaft beschuldigt? Hat Wieneke über die Essensreste für die dunklen Männer geschwiegen und alles auf sich genommen? Schied er, inmitten der Todesangst, im Frieden von meiner Mutter, oder nahm er eine bodenlose Gemeinheit von ihr mit ins Sterben? Oder war sogar einer der dunklen Männer mitverstrickt und dieser ein heimlicher Liebhaber? Die Gedanken galoppieren davon, ich kann sie nicht halten, ich erschrecke, könnte zuletzt noch ein SS-Kind sein, und einer von den Galanten, der mich »kleine Volksgenossin« nannte, hätte die Deportation an die Elbe erwirkt statt Schlimmerem. Aber Deportation ist etwas viel Schlimmeres als das, was uns widerfahren ist, und doch fiel immer das Wort, und die Familie versuchte es zu vermischen und aufzurechnen mit den wirklichen Deportationen, von denen man nicht zurückkehrt. Ich sage man, als wüßte ich nicht: Deportiert wurden in erster Linie die Juden, aber ich will dieses Wort nicht aussprechen, weil für das Kind die Juden noch immer die Schlimmen sind, das Wort Jude ist ein Kinderwort, an dem ich noch das Buchstabieren in Sütterlinschrift gelernt habe: Die mit den Hakennasen, die uns allen Böses wollen. Ich weiß nicht, ob ich diesen tiefen Kinderantisemitismus je loswerde, er funktioniert wie ein Reflex, und ich muß flüchten aus dem Keller der Kindheit in die aufgeklärten Räume späterer Zeit, in denen ich Juden zu Freun-

den habe und nach langen Gesprächen die Befangenheit verliere. Die Bilder bleiben eingebrannt in die Seele. Wenn Wieneke solche Unholde versteckt hat, ist sein Kopf zu Recht in den Sack gefallen, so tönt es aus dem Keller der Kindheit, und in den helleren Räumen trauere ich um ihn.

*

Wieneke ist für immer verschwunden, aber sein Name wirkt nach wie ein Gift. Mama brachte den Juden das Essen in den Keller, also ist sie eine gute Mama. Weil aber die Juden böse sind, dürfen sie nicht in Wienekes Keller sein. Wieneke tut etwas Böses, weil er böse Menschen versteckt. Aber auch böse Menschen darf man nicht verhungern lassen. Also ist Mama gut, wie Jesus es gesagt hat, mit den Zöllnern und Räubern war er gut, aber das durfte nur Jesus, und der Führer erlaubt es nicht wegen des Charakters der Juden. Mama sagt einmal: Das hätte Wieneke nicht tun dürfen. Ich konnte ja nicht auf mir sitzen lassen, was Wieneke tat. Mensch ist Mensch, sagte er, aber das stimmt doch nicht. Mensch ist nicht Mensch, auch wenn man ihnen zu essen gibt. Wenn man sie hungern sieht, greifts einem ans Herz, wie Mama sagt. Wenn man hört und sieht, was das für eine Brut ist, langt man sich an den Kopf.

*

Es ist so schwer auseinanderzuhalten, was Lügen, Flunkereien, Aufschneidereien, Mythen, Wahrheiten,

Rechtfertigungen waren. Aber der Verdacht wird immer tiefer: Habe ich ihren Verrat zu meinem gemacht? Weil ich sie so sehr liebte und den Verdacht auf mich nahm? Ist die Geschichte beim Bäcker wahr, erfunden, ein Anlaß, reinen Tisch zu machen? Was tat sie, um ihre Haut zu retten, unsere? Zwang ich sie mit dem kleinen Verrat dazu, Wieneke und die Juden preiszugeben? Sie erscheint mir in manchen Stunden wie ein Monster, aber sie wollte, daß wir überleben. Für sie und die Geschwister blieb ich die Schuldige. Die ganze Familie hatte Mutters Tat, die von meiner Tat ausgelöst worden war, zu verbergen, unwirklich zu machen. Und dennoch: später stahl sie dem Täter die Tat des Verbergens, die ihn das Leben kostete und ihr einen Glanz gab, der sie in meinen Augen lange Zeit über alle anderen Menschen hinaushob. Aber vielleicht konnte sie gar nichts dafür. Sie glitt einfach hinüber ins Heldentum, weil Nachbarn und Freunde und alte Kameraden es so wollten, und vor allem die Geschwister. Eine kleine Jüdin war ich, aber wieder in der falschen Zeit. Ein Stiefkind des Führers. Nun verstehe ich auch, warum keiner aus unserer Familie je wieder einen Fuß in die Nähe jenes Hauses gesetzt hat. Auch ich nahm mit einem Schauder einen Umweg auf dem späteren Weg zur Schule. Ich glaube, wir haben alle aufgeatmet, als an seiner Stelle später ein Kaufhaus entstand. Aber kein Sterbenswort wurde darüber verloren.

*

Weil ich als Schulkind und Oberschülerin die Erinnerung kaum aushalten kann und sie doch immer wieder aufsuche: Wie ich im Feuerschein des herannahenden Häuserbrandes und Bombenhagels auf dem Marktplatz liege, und Mama, meine Mutter, wegrennt, und zwei Männer mich finden und mitschleppen in den Bunker, und es so unausdenkbar ist, daß in der Familie oder mit Mama darüber zu reden wäre, ersinne ich Geschichten, um sie zu rechtfertigen und zu verstehen. »Ich kann mir vorstellen«, sage ich in Gedanken zu ihr, »daß wir zu spät dran waren in dieser Nacht. War der Alarm so knapp vor dem herannahenden Schwarm der Flieger erfolgt, oder hattest du die Sirene nicht gehört oder aus Erschöpfung verschlafen oder sie umgeträumt in eine Friedensschalmei, weil mit vier Kindern im Krieg allein zu sein furchtbar ist, auch wenn du Hitler geglaubt hast, daß es ein aufgezwungener Krieg war und eigentlich nur zurückgeschossen wurde und die Bolschewisten schon längst Pläne geschmiedet hatten für unseren Untergang? Ich spüre, wie ich kaum zu fragen wage, dich schon gar nicht, aber schon dich in Gedanken zu fragen, ist eine Schuld. Du bist um dein Leben gerannt, sage ich mir, und als du stürztest, hieltest du dich für verloren, und dann kam die Panik, und die Mutterreflexe setzten aus.«

*

Nein, du wolltest mich nicht loswerden in jener Nacht, es war die Panik und die Hetze und der Sturz. Du bist hingefallen, und ich mit dir. Den Juden, so

las ich später, mußte man selbst in höchster Todesnot die Kinder aus den Armen reißen, sie ließen sie nicht los, ja selbst wenn das Schützen und Klammern schnelleren Tod brachte: sie trennten sich nicht.
Also, auch meine Entlastungsgeschichten tragen nicht, und doch brauche ich sie. Auch über dir lösten sie die Bomben aus, du hast vielleicht sogar gedacht, daß sie auf dich zielen, weil du gehofft und gebetet hast, daß die Wunderwaffen England auslöschen sollten; und daß sie auf mich nicht zielen würden, weil ich noch unschuldig war. Dann warst du im Bunker, noch atemlos von der Angst und dem Rennen, schon begannen in der Nähe die Einschläge, und da brachten die Männer das verlorene Bündel zurück, du hattest mich wieder, und ich dich, und die eine Minute wurde gestrichen aus unserem Leben, obwohl sie meine intensivste Erinnerung darstellt. Schuldgefühle bei dir, vielleicht auch unerträgliche Scham, und Vorwürfe bei mir haben uns gegeneinander hart und unerbittlich werden lassen, vielleicht führt sogar eine Spur bis hin zu meinem Verrat, der dann eine Rache war.

*

Auf der Bahnfahrt nach Osten schreie ich unaufhörlich, bis du die Zugtür aufreißt und drohst, mich hinauszuwerfen, wenn ich nicht still bin. Du warst nur noch ein Nervenbündel. Als ich im Zorn meine Glasperlenkette um den Hals zerreiße, sehe ich euch alle unter die Bänke kriechen und den Boden absuchen, auch andere Reisende knien und finden Perlen.

Alle sind abgelenkt und finden zurück zu einer angespannten Ruhe, du bist mit den vier Kindern ein Mittelpunkt und wirst bewundert, und mitten im Haß bin ich dann auch hingerissen von dir und schenke dir Macht über mich, dann brauchst du ein paar Tage nicht meinen Willen zu brechen, obwohl du dies als wichtige Aufgabe für eine deutsche Mutter ansiehst.

*

Den Vater, der sich als einer der Jüngsten zum Ende des Ersten Weltkriegs noch ein zerschossenes Bein holte und davon eine leichte Invalidität zurückbehalten hat, verachte ich mit der mit der Mutter geteilten Verachtung. Eine absurde Frauensolidarität. Vater hat sich erneut freiwillig zum Frankreichfeldzug gemeldet, der Franzos ist sein Erbfeind geblieben, das hat sich seit der Besetzung des Rheinlandes nur noch verstärkt. Er war für mich der freundlichere Elternteil, nur eben: schwach, der Mutter nie Halt gebietend, auch wenn er gelitten hat unter meinen Kämpfen mit der Mutter und den ihren mit mir. Wir waren ineinander verkämpfte Bestien, und jede hielt sich für das Opfer der anderen.
Irgendwann merke ich, daß ich an ihm einen riesigen Verrat begangen habe, indem ich mich zu den Bataillonen der Stärkeren schlug. Er konnte mich verwöhnen, wie er wollte, ich hielt der Mutter die Treue in ihrer Verachtung für ihn. Es tut mir leid, Vater. Selbst als du nach dem Tod der Mutter wieder geheiratet hast, auf deine ziemlich alten Tage hin, hielt ich dir

das als Untreue an der Mutter vor. Ich hätte ja auch staunen können, daß du noch einmal eine Frau gefunden hast, die mit dir das Leben im Alter teilen wollte. Doch ich habe mich geweigert, sie auch nur kennenzulernen.

Gute Freunde raten mir, mein Verhältnis zu dir zu überdenken. Sie sind meiner Anklagen müde. Sie schlagen mir vor, dir einen Abschiedsbrief zu schreiben und dich darauf auch antworten zu lassen. Es ist ein Exerzitium ungewohnter Art, ich schiebe es lange vor mir her, und dennoch ist die Seele seitdem in Bewegung, sammelt Gefühle und Gedanken. Eines Abends ist es soweit, es drängt mich zu schreiben, und so stürze ich mich in ein unbekanntes Abenteuer. Ich fange an, nach dem jahrzehntelangen Groll, dein Leben aus deiner Sicht zu verstehen, kann mich sogar anreden mit deiner Feder: »Liebe Barbara!« Meine Anklagen gegen dich lasse ich beiseite, ich schäme mich inzwischen über den verächtlichen Haß. Denn du schreibst mir: »Du warst mein spätes Lieblingskind, aber ich habe unter keinem von meinen Kindern so gelitten wie unter dir. Ich schrieb dir Briefe ins Internat, auf die du nicht geantwortet hast. Ich weiß heute, daß du dich damals meiner geschämt hast. Ich war kein Vater mehr zum Herzeigen, humpelnd, müde, mit abgearbeiteten Händen. Du wolltest auf der Straße nicht neben mir gehen, gingst voraus oder auf der anderen Straßenseite; es war demütigend, wenn es mir nicht gut ging. Zu anderen Zeiten konnte ich es als die Marotte einer Pubertierenden verstehen. Auf keinen Fall wollte

ich zeigen, wie sehr ich oft darunter gelitten habe. Die Sprachlosigkeit hatte mich genauso erfaßt wie alle anderen Mitglieder der Familie.
Als du noch zu Hause lebtest, habe ich mir manchmal auf dem Nachhauseweg nichts anderes gewünscht, als einmal von den Katastrophen und Dramen zwischen dir und Mutter verschont zu bleiben. Ich verließ das Haus in der Regel um fünf Uhr morgens und kam gegen sieben am Abend zurück. Mama wollte anklagend ihr Herz über dich ausschütten, verlangte, daß ich dich strafe. Dabei hatte sie das selbst schon ausgiebig getan. Aber das weißt du.«

*

Manchmal kenne ich mich in meinen eigenen Lügen nicht mehr aus. Mutter predigt: »Wer lügt, der stiehlt auch und betrügt und schlägt zuletzt Mutter und Vater tot.« Und dann schließt sie mit einem kleinen Gedicht: »Es ist nichts so fein gesponnen, es kommt doch ans Licht der Sonnen.« Aber ich habe keine Angst vor der Sonne, eher vor dem Ertapptwerden. Ich erfinde, wenn mich jemand fragt, wo wir wohnen, feine Adressen, um nicht unser Hafenviertel nennen zu müssen. Ich erfinde Väter und Großväter, die in der Stadt und im Land einen Namen haben. Ich lüge uns Autos in die Garage, die wir Kinder als Notquartier bewohnen. Und ich steigere später meine erträumten sportlichen Erfolge ins Großartige: Stadtmeisterin, Landesvizemeisterin (das klingt aufrichtiger, weil bescheidener), Beinahe-

Mitglied der National-Mannschaft (nur an einer gemeinen Mißgunst ist die Teilnahme gescheitert).
Und ich fange an zu betrügen und zu klauen. Die Mutter mißtraut mir, aber ertappt mich nicht. Doch irgendwann will ich doch erwischt werden, und dann bin ich endgültig die Aussätzige.

*

»Woran du vielleicht weniger denkst, Barbara, ist dies:
Ich bin ohne Beruf in den ersten Krieg gezogen, heraus aus der Armut und Vaterlosigkeit. Mein Bruder wurde schwer verwundet, und alle kümmerten sich um ihn. Meine Auseinandersetzung mit dem in meiner Pubertät verstorbenen Vater verschob ich auf die Besatzer, die Franzosen: Ich nahm den Hut nicht vom Kopf, um zu grüßen, und gab den Bürgersteig nicht frei. Ich wurde verhaftet, mehrfach verhört und einige Tage eingesperrt. Sie schlugen mir den Hut vom Kopf, aber ich hob ihn nicht mehr auf. In mir nagten die Demütigungen und verwandelten sich in Rachegedanken. Und Hitler versprach, die Schmach zu beenden, wenn wir nur erst wieder stark wären. Ich ging früh in die Partei, schon weil alle meine älteren Geschwister sehr fromm blieben und ich ihr Jammern über die schlimmen Zeiten nicht mehr ertragen konnte. Ich wurde beruflich gefördert, kam von der Werkbank an einen Schreibtisch und entdeckte meine Liebe zu den Zahlen. Ich gehörte zu den Stärkeren und genoß das Marschieren. Eure Mutter fing an, stolz auf mich zu sein. Sie glühte für Hitler, und

ich brach für sie mit meiner Familie, wollte aufwärts, wir waren im Glücksrausch, als wir dich zeugten. Du bist verrückt, wenn du an meiner Vaterschaft zweifelst. Aber deine Zweifel sind in mich hineingefahren wie Gift, das langsam tiefer dringt und lähmend wirkt.

Wir hatten alle Angst vor deinem Mundwerk, du konntest wenig für dich behalten und konntest lügen, daß sich die Balken bogen. Wir radebrechten viel französisch, wenn du etwas nicht verstehen solltest, obwohl wir die Sprache des Feindes haßten. Wir haben viel vor dir verborgen, doch du wurdest nur immer findiger im Entdecken von Wahrheiten.

Wir bekamen die Wohnung von den über Nacht verschwundenen Juden. Mama wollte sich der Partei erkenntlich zeigen und kochte zuerst für die Ortsgruppe, später für die Gestapo und die SS. Ich wußte nicht, was Kinder erleben, ich habe dich manchmal für einen kleinen Satan gehalten, boshaft, bockig, trotzig, aufsässig und ohne Rücksicht auf die Familie. Ich hielt die Strafen lange Zeit für notwendig und richtig, und trotzdem grauste es mich vor Mamas Zornanfällen und ihrer Lust zu schlagen.

Daß wir dich Ruth nennen wollten, stimmt. Dem Beamten war der Name zu jüdisch. Was konnten wir dafür, daß der Name dann in den Kinderkleidern in der neuen Wohnung stand?

Ich wollte siegen, über die Franzosen wie über die Juden. Durch Juden, so sagte Mama immer, hat ihre Mutter ihren Hof verloren. Aber Genaues hat sie nie preisgegeben. Bei ihrem Haß war der Einzug in die

hastig verlassene Wohnung wie eine Wiedergutmachung für erlittenes Unrecht.
Ich kann heute nicht mehr sagen, ich hätte von den Greueltaten der Nationalsozialisten nichts gewußt. Aber es ging um den Endsieg und nicht um viele traurige Einzelschicksale. Ich kann das Denken von damals heute nicht mehr begreifen. Ich weiß nur, daß wir lange Zeit aufstiegs- und siegestrunken waren, bis die Angst vor der erneuten Rache der Sieger kam. Ich war wieder auf der falschen Seite und war zermürbt, zerbrochen. Ich wollte mich nicht rechtfertigen vor dir und euren besserwisserischen Lehrern. Denn manche Frommen konnten schon früh ähnlich reden wie später die Achtundsechziger. Und auch Mama ist fromm geworden. Sie braucht einen Glauben, sonst geht es ihr nicht gut. Sie hat dir den Verrat beim Bäcker nicht verziehen, dir seitdem alle Schlechtigkeiten der Welt zugetraut und hielt dich für verderbt und wunderte sich nicht, als die Nonnen in der Grundschule und später die Diakonissen ähnlich über dich redeten.
Wir haben versucht, dich von Mama und uns zu trennen, haben dich zu Verwandten gegeben, doch das Heimweh zwang dich zurück. Du wolltest nicht bei uns sein und konntest es woanders ohne uns nicht aushalten.
Der Tod des Führers war auch der Tod unserer ehelichen Liebe. Deine Mutter war nur noch krank. Für eine kurze Zeit hatte ich heimlich eine Freundin. Mama kam dahinter, verschwand mit dir für einige Tage, ich hatte Angst, sie könnte sich zusammen mit

dir umbringen. Es war das Ende unserer Familie, als ihr wiederkamt, obwohl wir zusammenblieben.
Ich erinnere mich, wie du mir auf Rollschuhen das Mittagessen in der Kanne zum Betrieb brachtest, mit fliegenden Zöpfen, wir aßen dann beide aus der gleichen Kanne.
Ich war in zwei Kriegen, habe in beiden getötet und wurde verwundet, habe mich schuldig gemacht und weiß nicht mehr aus noch ein, wenn ich beginne nachzudenken. Nun sehe ich, daß ich auch an dir schuldig geworden bin und daß die Liebe mich nicht davor bewahrt hat. Es scheint sogar, daß die Liebe uns in die Irre geführt hat. Denn wir haben Liebe und Politik durcheinandergebracht, und auf der Kehrseite der Liebe ging es durcheinander mit Politik, Haß und Rassenwahn. Ich möchte, daß du mir verzeihst. Doch dies ist das furchtbarste: sein Kind um Vergebung bitten zu müssen. Fast denke ich, dies sei der schwerste Schritt in meinem Leben.«
So schrieb er mir – es war ein Brief, an dem ich einige Tage und Nächte saß –, und seitdem fühle ich mich ausgesöhnt mit ihm, auch wenn immer neue Dinge auftauchen, die es zu verstehen, nicht zu verstehen, zu vergessen oder anzunehmen oder mit ruhigem Ernst zurückzuweisen gilt. Wahrscheinlich wäre ich, wenige Jahre früher geboren, selbst eine fanatische Jugendführerin geworden, es sei denn, ich hätte aus Trotz gegen Mama oder Papa das Gegenteil gewählt.

*

Die tote Mama greift an nach diesen Briefen, die Nächte sind voller Angst. Sie sitzt wie ein Alp auf meiner Brust und beschuldigt mich des Verrats. Sie erträgt nicht, daß eine Erleichterung eingetreten ist zwischen mir und meinem Vater, ja fast ein Frieden. Schon wieder bin ich eine Gefallene. Ich stürze die Macht-, die Loyalitätsverhältnisse um in der Familie, aber ich gebe mir Mühe, bis ich auch euch versöhnt habe in mir. Jetzt verteidige ich ihn vor dir, gegen dich. Ich habe seine Zuneigung vernichtet, um dir nahe zu bleiben. Ich habe deine Geheimnisse nicht entschlüsselt und dich doch durchschaut. Das war es, womit ich dich quälen konnte: Ich gab dir das Gefühl, dich zu durchschauen, ohne doch die Tatsachen zu kennen. Ich ahnte, daß du lügst, und ich ließ es dich spüren. Das hat dich krank gemacht, krank gehalten, aber dafür wurdest du von mir gepflegt, und so konntest du dich wieder rächen für meine Rache. Ich behaupte, wir haben uns immer nur wieder Hitler angetan, so nenne ich unsere gemeinsame Krankheit, er hat unsere Familie noch regiert, als er längst verfault war und du von seiner Wiederkehr träumtest.

Ich will keinen Frieden mit dir, nur zur Ruhe kommen will ich, oder geht das nicht ohne Frieden? Dann zwingst du mich eben, weiter zu forschen und zu wachsen, das aber erfordert neues Aufdecken, Entlarven, Haß und vielleicht neues Verstehen. Dir zu verzeihen ist das schwerste. Du provozierst immer noch meinen kriminalistischen Scharfsinn, ich will hinter deine Schliche kommen.

Wie mußt du dich gehaßt haben, um Hitler so zu lieben? Gibt es da einen Zusammenhang? Hat er dir die Zuneigung für dich selbst, oder wenigstens das Ende der Selbstverachtung und des Neides geschenkt? War er das lebenserhaltende Medikament, ohne das du an deiner eigenen Säure viel früher eingegangen wärst? Oder war es tatsächlich so, wie es manche Theorien behaupten: daß er dir half, den Selbsthaß oder den Haß auf die Eltern und die Brüder umzulenken auf die Juden, so daß deren und dein eigenes Böses dort geortet war? Erklärt das die Mitleidlosigkeit, mit der du von ihnen sprachst? Kein Wort des Bedauerns und der Trauer kam je über deine Lippen. Du glaubtest an den Schwert-Adel unserer Wehrmacht, an die humanitären Abwicklungsformen der »Ansiedelung im Osten« für die Juden. Du glaubtest an den Gnadentod für lebensunwertes Leben – man erlöst diese armen Gestalten –, und Homosexuelle hieltest du tatsächlich für Ausgeburten der Hölle. Zigeuner sannen nur auf Diebstahl und Kindesraub, da verfielst du deinen eigenen Kindergruselgeschichten noch im reiferen Alter, sie waren eine Landplage und vergifteten, wie die Juden, unseren gesunden Volkskörper. Du konntest noch lange nach dem Krieg ein vor Angst und Haß entstelltes Gesicht bekommen, wenn du dir all die Gefahren vergegenwärtigt hast, denen das Deutschland deiner Jugend und frühen Erwachsenenjahre ausgesetzt war. Und von dieser Angst habe ich sogar noch gezehrt, als ich im Studium in linke Gruppen ging, in extrem linke, paranoide, kadergehorsame,

die nach einem ähnlich entsetzlichen Heil suchten wie ihr.
Also kann und will ich dich nicht verurteilen. Du warst gestraft genug mit deinem eigenen Innenleben und seiner fürchterlichen Mitinszenierung mit dem Trommler, der aus millionenfach verstörtem Innenleben ein Gesamtverbrechen machte, in der Tarnkappe des Erlösers, der doch schon wußte, daß seine Form von Erlösung millionenfachen Tod mit sich bringen würde.
Wenn ich deine Kunst des Scheins, der geglückten und doch verlogenen Fassade, betrachte, dann wundert es mich nicht, daß man eine solche Fassade einem ganzen Volk überstreifen kann, und alle berauschen sich in einem Bühnenbild, in dem sie ihre edelsten und furchtbarsten Kräfte entfesseln.
Da du nie von deiner Kindheit und Jugend gesprochen hast, fällt es mir schwer, mich in deine seelische Ausgangslage einzufühlen. Du mußt dich so geschämt haben, von so verzweifeltem Vergessenwollen beherrscht gewesen sein, daß nur die Veränderung in der Außenwelt dir Heilung versprach, und so läßt sich der gigantische Veränderungswille der Nazis wenigstens zum Teil erklären: Wie du konnten sie sich nicht ertragen und mußten wütend und hingebungsvoll die Welt umlügen und verändern und umkrempeln, um sich aushalten zu können.

*

Ich stamme von einer geradezu idealtypischen Nationalsozialistin ab: Du konntest deine Vergangen-

heit mit ihren Demütigungen nicht ertragen, also hast du sie verschwiegen oder umgelogen. Selbst dem Clan des Vaters, den du nicht mochtest, hast du eine neue Geschichte verpaßt, einen Ursprungsmythos, der noch herhalten mußte, um Stil und Reichtum unserer usurpierten Wohnung zu erklären. Aus den armen Habenichtsen und Zuwanderern aus dem Osten wurden wohlhabende Leute, die an der Börse ihr Geld verdienten, dort aber in den Juden ihren Meister fanden und alles verloren. Die Wohnung mit ihren Kostbarkeiten war der Rest dieser rührseligen Geschichte. Fast will es mich wundern, daß du nicht die alten Germanen oder wenigstens ein vertriebenes Rittergeschlecht bemüht hast, um dein armseliges Selbstgefühl umzudrehen. Du konntest deine HJ-Kinder als stolze Nachkommen aus guter Rasse präsentieren, und in der Tat: Mit Zöpfen und Scheitel und Uniform sahen sie aus wie die Wunschkinder des Führers aus den Schulbüchern, die auf dem Speicher noch lange überlebten. Wenn ich das malträtierte Kind in dir besser kennte, könnte ich barmherziger sein. Ich hoffe, ich finde noch einen anderen Zugang zu dir. Ich war dein Judenkind und zeugte gegen dich, Opfer und Opfer ineinander verbissen, bis wir beide Täter wurden.

*

Langsam verstehe ich auch eure Furcht vor mir, und damit die Härte eures Kampfes gegen mich. Ich bin euch mächtig erschienen, weil ihr mich, so klein ich war, in eine Richterrolle hineingedrängt habt. Natür-

lich liegen solche Dinge weit außerhalb des Bewußtseins, sie sind sozusagen aus Prinzip unzugänglich und können nur blind getan und erlitten werden. Es gehört jahrelange Seelenarbeit dazu, hinter die geheimen Rollenzuschreibungen zu kommen. Auch wenn ich es schon wiederholt gelesen habe, daß Kinder von Nazi-Eltern von diesen potentiell als bedrohlich Wissende, Richtende, Verurteilende erlebt werden können: Ich war weit entfernt von der Vorstellung, einen Teil eures Gewissen darstellen zu können. Doch meine älteren Geschwister waren viel zu tief verbündet mit euch, um nicht zu sagen: mitkorrumpiert, und von Hitlers Macht verdorben. Sie hatten ja den Glauben und die Begeisterung mit euch geteilt. Der Bruch zwischen dir, Mama, und mir war es, der zum Einlaßtor der Gefahr wurde. Mein instinktives Mißtrauen gegen euch weckte eine Instanz, vor der ihr euch, wie dunkel gefühlt auch immer, glaubtet verteidigen oder rechtfertigen zu müssen. Und wenn ein Kind zu dieser Instanz wird, ruft es Haß hervor. Die Weltordnung scheint verkehrt, nicht ihr Erwachsenen habt das Recht und die Autorität auf eurer Seite, sondern ihr seit die Fehlbaren, die Gescheiterten, und das Kind erscheint als das wissende Element in der Generationenfolge. Dabei hatte ich nur das leere Wissen des Mißtrauens in mir, die Ahnung der großen Lüge. Alles andere mußte ich mir schwer erarbeiten, einer seelischen Erkrankung abringen: Ich hatte einfach niemanden, dem ich meine verquere Seele so hätte aufdrängen können, daß daraus eine entlastende Deformation für mich hätte werden können. Insofern macht meine Kinderlosigkeit einen traurigen und doch auch einsehbaren Sinn. Nur aus der Tatsache, daß ich nicht selbst ein Opfer fand, in das ich meine Verbiegungen hineinpressen konnte, folgt der Drang zur Wahrheit. Eben deshalb will ich mir diesen Drang nicht als Verdienst anrechnen. In der Chemie der Generationenfolge ist für das schwarze Schaf der Familie ein neues Element entstanden, ein fluoreszierendes oder strahlendes Isotop, das, fließt es erst einmal durch das Geäder der Seele, Schatten- oder Leuchtbilder wirft, die man am Bildschirm des Nachdenkens erkennen und deuten kann. Daß ich heute mehr Wahrheit ertragen kann als ihr, ist nicht mein Verdienst. Ich schäme mich nicht, meinen Drang als eine Gier nach Wahrheit zu sehen, so wie ihr eure Formen der Gier hattet: Bei den Siegern zu sein, eure Demütigungen auszuheilen, der Herrenrasse anzugehören; so will ich den Wahrheitssuchern angehören, deren Seele Ruhe findet, wenn sie Zusammenhänge erkennt und wenn blinde Verstrickung zu Einsicht und Trauer wird, wenn ihr mir diese hochtrabenden Ausdrücke verzeiht. Ich will euch mit ihnen einschüchtern, sie sind nicht auf meinem Mist gewachsen, sondern gehören zum Vorgefundenen, zum selbstverständlichen Denkinstrumentarium meiner Generation, so wie ihr Formeln und Glaubenssätze vorgefunden habt und euch überlegen dünktet über die, die sie sich noch nicht zu eigen gemacht hatten.

Ich will nicht euer gefürchtetes Gewissen sein, selbst wenn dies eine Verlockung darstellen kann, der manche durchaus erliegen mögen und auch erlegen sind.

*

Ich fange an zu begreifen, daß euer Schweigen nicht Bosheit war, sondern Unvermögen. Aber es wirkte wie Strafe, Lüge, Verstellung. Ja mehr noch: Ich fühlte mich eurer Wahrheiten nicht würdig, und dadurch hat euer Schweigen das Gefühl für meinen Wert untergraben. Ich bin mit meinen seelischen Kräften ins Leere gelaufen. Ich war ausgeschlossen aus eurer Geschichte. Sicher, sie hätte mich vielleicht überfordert, hätte nur eine andere Form von Verbiegung erzeugt, als ich sie im Schweigen davongetragen habe. Die normale Schulung der Seele an der Geschichte der Eltern hat nicht stattgefunden, das mühsame Lernen, sich einzufühlen: staunen, grübeln, bewundern, ein wenig, nicht zu viel verachten, Rätsel lösen, auch schweigen und den Blick abwenden von Dingen, die das noch kindliche oder jugendliche Fassungsvermögen übersteigen. Und ihr habt nicht die kleinen und mittleren Kränkungen erlebt, wenn der kindliche Größenwahn sich einbildet, in der jeweiligen Gegenwart mehr zu wissen und zu kennen als ihr. Was, mit solchen Klapperkisten von Motorrädern habt ihr eure Ausflüge gemacht? Aus solchen Büchern habt ihr Rechnen und Geschichte gelernt? Aus solchen Kochbüchern habt ihr Kuchen gebacken? Und ihr habt nicht die angemessene Bewunderung und Verwunderung erlebt für ein Leben in anderer Zeit; die Kinderblicke, unter denen sich eure

Vorgeschichte in Märchenbilder verwandelt: Ach, das wart ihr, vor dreißig oder vierzig Jahren, wie merkwürdig, eure Frisuren; und wie scheu ihr euch an den Händen haltet; und immer war jemand dabei, wenn ihr zum Spaziergang aufgebrochen seid? Ihr habt immer die große, die entsetzliche Kränkung gefürchtet: den verehrt zu haben, den wir von Anfang an als den Rattenfänger vorgesetzt bekamen in der Schule, wenn überhaupt je von ihm die Rede war. Die große Zeit *für euch war für uns bald die* braune Barbarei, *ohne daß wir viel Konkretes erfuhren. Das Schweigen nährt Gespenster, und so seid ihr immer beides geblieben: Elternfiguren ohne rechten Tiefgang und anschauliches Innenleben, und Monster unbekannten Ausmaßes.*

*

Wenn Mama krank ist oder kränklich oder unwohl, bist du, Gerda, für mich zuständig. Du bist wie eine zweite Mutter für mich, zwölf Jahre älter. Du bist schon fast erwachsen, und wie Mama immer sagt: weisungsbefugt. Du bist fast so mächtig wie Mama. Ich bewundere dich, dann bist du gut zu mir. Ich darf keinen eigenen Kopf haben, sonst bist du beleidigt. Ich bete immer zuerst für dich am Abend, so wichtig bist du für mich. So wie du will ich werden, weil du auch schön bist. Manchmal spielen wir vor anderen Leuten, daß du meine Mutter bist, und wenn es die Menschen glauben, bin ich stolz. Du willst, daß du mir immer die Liebste bist. Du strafst mich hart, wenn ich nicht dein Kind bin, sondern mich der an-

deren Schwester, Hannelore, nahe fühle. Ich bettle, ja winsele um deine Gunst und Gnade, und du läßt mich zappeln und büßen.
Auch meinem Bruder darf ich mich nicht allzu sehr annähern, schon wirst du böse. Ich bin abhängig davon, daß du mir gut bist. Du nimmst mich schon als Kind mit in die Oper, aber ich muß dir sehr dankbar sein, und dieses Müssen überdeckt, wie dankbar ich dir wirklich bin. Nach dem Krieg sagst du, du möchtest am liebsten katholisch werden, weil es dir in der Nonnenschule gefällt. Mich zieht es auch zu den Katholischen, da sind wir uns nahe, natürlich ohne darüber zu sprechen. Ich glaube, ich bin in dich verliebt.

*

Du, Gerhard, schlägst eines Tages Hannelore, die kaum mehr als ein Jahr jünger ist als du, mit einem Stock nieder. Ich erinnere mich noch gut daran, und Mama hat es mir später noch einmal erzählt. Ich habe Angst vor dir. Die Mutter hält immer zu dir, egal was passiert. Du sagst am giftigsten, daß ich spinne, wenn ich etwas über Mama oder Papa wissen will. Wenn du erscheinst, versuche ich zu verschwinden. Manche Freundinnen in der Schule sprechen gut von ihren großen Brüdern. Aber ich habe Angst vor dir. Du nimmst die Mutter in Schutz, wo du kannst, und ich bin mit meinem Elend mit ihr allein. Wem soll ich es klagen, daß du Brandanschläge auf mich machst. Du spielst mit Feuer und redest vom Rösten. Ich traue dir einen Mord zu, schon früh. Du trinkst viel und bist dann, wie Mama sagt, in Gefahr: Wutausbrüche, Unfälle, und es wurde auch einmal befürchtet, daß du dich umbringst. Du tobst und schreist auf der Straße, und wir alle müssen helfen zu verbergen, wie schwierig, wie böse du bist. Der Alkohol macht dich unberechenbar, und er scheint dich auch abzustumpfen. Für dich – wie für die anderen – bleibe ich die Verräterin der Mutter, und wenn du oder eine der Schwestern es ausspricht, fühle ich mich gestempelt für immer: »Wegen dir mußten wir alle weg in den Osten!« Und wenn ich wütend war oder auch nur eigenwillig, konntest du sagen: »Du verrätst die Mama immer von neuem.« Ich war die Verräterin, und du hast mich festgehalten in dieser verfluchten Rolle.

*

Wenn ich heute meine Familie Revue passieren lasse, dann staune ich über das Ausmaß von offener Gewalt und von subtiler und brutaler Manipulation. Es war ein Kampf aller gegen alle, aber ihr konntet euch gegen mich verbünden und dadurch einen instabilen Frieden zwischen euch halten oder immer wieder schließen. Aber die Koalition gegen mich war die, die am sichersten funktionierte. Was euch einte, waren die Familiengeheimnisse, die Lügengebäude über Herkunft und Abstammung, und die eiserne Verteilung von Schuld und Leid: Ich war die Schuldige, und jeder Ärger über mich vertiefte ein ohnehin bereits mit hohen Beträgen belastetes Schuldkonto. Ihr konntet immer erinnern an meine Urschuld, und neue Schuld war immer nur eine neue Variante da-

von. Ich zögere heute nicht mehr, eure Koalititon eine Verschwörung zu seelischem Mord zu nennen. Aber ich weiß: Ihr werdet euch bis an euren Tod als meine Opfer fühlen.

Du, Gerda, hast den Pakt des Schweigens gegen mich bereits mit ins Grab genommen. Wir haben kurz vor deinem Tod ein einziges Mal noch über unsere Beziehung gesprochen, uns ausgesöhnt nach jahrzehntelanger innerer und äußerer Trennung. Die Voraussetzung war, daß weit und breit niemand von der Familie zu sehen oder zu fürchten war. Als du dann in der Klinik lagst, hast du es mir schon wieder untersagt, dich ohne Voranmeldung bei der Familie zu besuchen. Du warst abhängig von ihnen, und sie wollten die Kontrolle über jede Form von Annäherung und Austausch bewahren. Ihr hattet euch längst auf die Heroisierung von Mama verständigt. Von Wieneke war nie mehr die Rede, er blieb ungenannt verschwunden, als wäre er nie eine wirkliche Person in unserem Leben gewesen. Ihr wußtet vermutlich sogar, wie und wo er gestorben ist oder umgebracht oder hingerichtet wurde. Ihr habt wohl nicht mit den verschiedenen Deponien meiner Erinnerung gerechnet. Ich staune selbst, in welch unberechenbaren Schüben sie ihren Inhalt freigeben.
Ich betrachte mich nicht mehr als euer Opfer, auch wenn ich in Zeiten des Selbstmitleids mich darin versenken konnte. Ich weiß, ich konnte zurückschlagen, Streit schüren, Eifersucht säen, die Stimmung verderben, Koalitionen vorübergehend auch sprengen. Und

doch war ich die jüngste, und meinen seelischen Aktionen vielleicht mehr ausgeliefert als ihr. Ich habe dich, Gerda, ausgespielt gegen die Mutter, ich habe sie mit deiner Gestalt entwertet, erniedrigt, geschmäht, verraten; ich habe es heimlich getan und kannte die realen Wirkungen solcher seelischen Taten doch nicht. An mir entstand Streit und wuchs Gewalt. Bin ich deshalb ein Monster, wie ich es oft fürchtete, oder lebt in unserer Familie etwas Monströses, und jeder hatte seinen Part zu spielen? Mein Bruder trank, Gerda verbrauchte viele Männer, Hannelore arbeitete mit offener Erpressung. Es war, wie wenn wir in unserer »Keimzelle eines gesunden Volkstums« ein Abbild der Mörderbande an der Spitze von Staat und Partei gewesen wären. Aber keiner hat sich entfernt von der Truppe. Die Loyalität war trotz des Hasses untereinander unzerbrechlich, nach außen glichen wir einer Festung, gegenüber einer Nachbarschaft und einer Menschheit, der wir mißtrauten und die wir für ziemlich böse hielten. Wir standen füreinander ein, wenn es ums Überleben ging, und wir gruben uns das Wasser ab, sobald innerfamiliäre Vorteile im Spiel waren. Ihr bliebt euch einig, daß der Nationalsozialismus, von Übertreibungen abgesehen, gut war; daß nur Verrat, Übertreibung und Abfall ihn niederbrechen ließen.

Vielleicht um Mamas endgültigen Zusammenbruch zu verhindern, habt ihr weiter ihre Anschauungen geteilt oder sie ihr vorgelogen.

Ihr bliebt wie in ihrem Bann, worüber die Frömmigkeit dann doch wieder als Tünche erschien. Warum

hättest du, Gerhard, mich sonst mit kaltem Haß aus dem Haus gewiesen, als ich mich mit einem jungen Juden befreundet habe? Euren guten Namen wolltest du schützen, also den des Clans, vor meiner Schande. Ihr dachtet nach wie vor in Kategorien der Rassenschande, und jawohl, ich wollte sie begehen, um euch zu demütigen oder zu beschämen, ihr habt es wohl gemerkt, und manchmal denke ich, ich hätte den Freund vielleicht mißbraucht für unseren unterirdischen Krieg, und er mich vielleicht in seinen Verstrickungen mit Eltern oder Verwandten, die ihn fast verfluchten, weil er in Deutschland studierte.
Ich brauche also gar nicht zu lästern über die Wiedergutmachungssexualität einiger linker Freundinnen; ich selbst bin dem Sog gefolgt, einen Juden aus einer Nähe kennenzulernen, die Verschmelzung bot. Wir sind liebend übereinander hergefallen, haben, mehr als unsere Körper, unsere Seelen vergewaltigt und mißbraucht, um forschend in den Andern einzudringen und ihm seine entsetzliche Fremdheit zu nehmen.

*

Meine Worte sind gefährlich, sobald sie aus dem Mund heraus sind. Menschen können sterben an ihnen, oder Mama dreht durch und schlägt mich; Papa beginnt zu weinen oder verläßt das Haus und geht in die Kneipe oder rennt stundenlang spazieren, um sich abzuregen; meine Schwestern beschimpfen und bestrafen mich, mein Bruder zeigt mir den Vogel, die Lehrer tragen mich ein oder geben mir schlechte

Noten, die Nonnen zischen oder machen ein betrübtes Gesicht oder schicken mich zur Oberin. Dabei möchte ich lernen, Geschichten zu erfinden, die mir jemand vorlesen kann, solange ich selber nicht gut lesen kann, oder Geschichten, die in Büchern gedruckt sind, und zu denen es bunte Bilder gibt. Ich bete darum, daß meine Worte auch einmal gut sein können, und daß sich Menschen an ihnen freuen. Ich möchte Witze erzählen können, bei denen die Menschen lachen und mich nicht auslachen oder sagen: Du bist verrückt.

*

Ich lebe mit dem Gefühl, mit Worten Unheil anrichten zu können, und Unheil angerichtet zu haben. Meine Geschwister reagieren bis heute abweisend oder entsetzt, wenn ich mit ihnen über unsere Familie sprechen will. Sie verhalten sich, als wären meine Anrufe und Briefe und Fragen vergiftete Pfeile, vor denen sie in Deckung gehen müßten. Sie verbieten mir die Annäherung, damit sie außerhalb der Reichweite meiner Worte bleiben können. Und dennoch versuche ich in meinem Beruf, mit Worten zu heilen, und siehe da: Manchmal gelingt es. Ich gehe mit den Worten um wie mit Injektionen, weiß, daß sie beruhigen, lösen, ermutigen können. Aber manchmal kränke ich auch mit Worten und muß zusehen, wie ein ohnehin gequälter Mensch weiter in sich zusammensinkt, weil ich ihn verletzt habe. Dann packt mich die alte Angst, mein Mund sei eine bedrohliche, eine giftige Öffnung, die verschlossen und versiegelt gehört. Aber langsam und sehr allmählich überwiegen die heilsamen Worte. Ich brauche Ermutigung, um ganze Sätze an andere Menschen zu richten. Wenn von Freunden nicht rasch eine beruhigende Antwort kommt, bricht die alte Sorge los, eine Katastrophe sei bereits eingetreten. Für mich ist der Satz »Wenn Worte töten könnten ...« mehr als eine Redensart; ich zucke zusammen, wenn jemand sie in meiner Nähe gebraucht. Ich weiß, daß unter den Nazis Worte töten konnten: als Verrat, als Denunziation, als Diagnose, als Rassenbezeichnung, als Hetzpropaganda und vieles mehr. Deshalb fühle ich mich mit meinen Worten zugleich als Täterin wie als Opfer. Besser wäre es, wortlos schreien zu können, wie ich es manchmal im fahrenden Auto tue. Auch lautlos versuche ich zu schreien. Manchmal gelingt es. Hinter den Worten warten die Gefühle darauf, wahrgenommen und formuliert zu werden. Sie sind der Rohstoff meiner Seele. Lange genug mußte ich sie verbergen, um nicht die Worte wieder zu Geschossen werden zu lassen. Immer wieder höre ich genau hin, wenn es Fetzen aus Hitler- oder Goebbelsreden im Radio oder Fernsehen gibt. Ich brauche den Kontrast zum Klang meiner Stimme, um die Angst zu mildern, ich könnte Krieg anzetteln oder herrenrassig brüllen wollen. Ich kriege das Nazigift nie mehr heraus aus meiner Seele. Ich kann es nur besser erkennen, isolieren, durchschauen, ironisieren, ausspucken, auch wenn ich bei all diesen Formen der Ausscheidung noch erröte oder leer zu werden fürchte. Ich bin ein Nazikind durch und durch, ein frühes Monster der

Unterwerfung wie des Widerstandes, der begeisterten Identifizierung wie des instinktiven Ekels, ohne zu wissen, was ich tue und was mir geschieht. Ich will mich nicht mehr schämen, nur weil ich mich als Kind habe vollaufen lassen müssen. Das Rauschmittel ist tief eingedrungen, und die halbe Kraft des Lebens habe ich mit seiner Abwehr verbraucht. Ich bin erschöpft und suche Ruhe. Wenn mir jemand Halt gibt, geht es besser.

*

Wenn der äußere oder der innere Halt verlorengeht, brechen die Dämme. Ich wende mich in tiefer Nacht erneut an die Mutter, weil sie rachsüchtig allen gewonnenen Überblick und alle Ruhe zu zerstören droht. Aber eine Anrede »Liebe Mutter« kann ich mir nicht abringen. »Wozu hast du mich gebraucht, um selbst zu überleben? Welches Gift hatte ich aufzunehmen, damit das deine dich nicht verzehrt hat? Sobald ich Boden unter den Füßen spüre, schickst du ein Erdbeben, das alles wieder einreißt. Ich fühle mich verfolgt von deiner Rachsucht, wenn ich mich von dir entferne, dich durchschaue, Haut wachsen lassen will an der Nahtstelle zwischen dir und mir. Manchmal fühle ich mich nur wie eine Wucherung deines Körpers, in die du Unbrauchbares eingelagert hast. Nun ich es ausscheiden will, schickst du Böses, so daß ich wachliege und entsetzt bin über deine Macht über mich. Du hast mich ›unwert, verderbt, dreckig und Braten des Satans‹ genannt und mich so behandelt. Die Schläge haben den Worten den Weg

in die Seele gebahnt. Meine Zellen haben sich geöffnet für die Botschaften der Vernichtung.
Aber warum war ich so kostbarer, so eifersüchtig gehüteter Dreck für dich? Du witterst Gefahr, wenn sich mir jemand liebend nähert. Bräche er mich heraus aus einer Rolle, die dir fürs Überleben wichtig ist? Warum läßt du deinen kleinen ›Drecksack‹ nicht ziehen? Du, der Reinheit und Vornehmheit über alles gehen! Ich will nicht deine künstliche Niere sein, die dein Arierblut zu waschen hat. ›Wer sich selbst erhöht, wird erniedrigt werden!‹ Worauf bezieht sich dein Leib- und Lebensspruch, den du wie eine Warnung an mich und viele andere gerichtet hast?
Ich bin deinem Geheimnis auf der Spur: Ich bin dir kostbar als dein Dreck und dein Drecksack, aber da dein Elend nach dem Sturz Hitlers und schon vorher weit über dich hinausreicht, strömt auch der Unrat der Geschichte in mich ein. Und so habe ich mehr zu entsorgen als nur die privaten Ausscheidungen der Familie: den Kot der Geschichte, soweit er sich in einer einzigen Familie angesammelt hat.«

*

Mein Vater erkennt mich nicht mehr auf dem Sterbebett. Du aber sagst, gleich einem Orakel, in deiner letzten Stunde zu meinen Schwestern über mich: DAS KIND IST UNVERSORGT. Aber da versorge ich längst verwahrloste Kinder in einem Heim und fange an zu studieren. Ich bin gerührt, ja überwältigt von deiner späten Fürsorge. Ich krieche bei den Geschwistern unter, als hätte ich durch Unreife deinen letzten Willen zu erfüllen. Und es wächst der Haß zwischen ihnen und mir.

*

Deine Krankheit zum Tod hat mich verwandelt. Du bist so hinfällig und elend, daß ich eine neue Chance für meine Liebe sehe. Es ist hellsichtige Liebe, aber noch fast blind. Du bist endlich schwach, gebrochen, wehrlos, ein gefällter Baum. Ich besuche dich oft und bringe Geschenke. Ich sehe ein scheues Leuchten in deinen Augen. Du scheinst erreichbar durch meine entfesselte Zuneigung und kindliche Fürsorge. Ich wärme auch dich wie ein Kind. Jeden Tag muß ich nachsehen, ob du noch hilflos und schwach bist und dich lieben läßt. Du bist nicht mehr die Tyrannin mit den offene Beinen. Die Fron ist zu Ende, und die Liebe beginnt, oder was ich dafür halte. Da du immer frierst, bringe ich dir Jacken und Wolldecken. Ich häkle dir einen Schal aus blauer Babywolle und lege ihn dir um wie eine preisende Stola. Ich schmücke dich, weil du endlich schwach bist.

*

Der Morgen graut, und die Erinnerungsbilder an deine Schwäche stimmen mich milde. Ich sehe endlich das Kind in dir. Wohl war ich lange Zeit unbehaust in mir und bei deiner tödlichen Krankheit erst im Aufbruch zum eigenen Leben. Doch deine letzten Worte über mich höre ich zum ersten Mal anders. Du sprachst von dir selbst: DAS KIND IST UN-

VERSORGT. Der Satz war dein letzter Hilferuf. Du konntest dich nie an einen Menschen anlehnen, einfach vertrauen, ein Leben ohne Krampf und erbitterte Anstrengung führen. Du hast dich zum Heldentum gezwungen und eine Bühne gesucht, auf der du dein Kinderelend nicht fühlen mußtest. Du hast dich stark gelogen und Kraft und Rückhalt beim anderen großen Lügner und Menschenhasser gesucht. Er war dir Stärkung und Medizin, Rauschmittel und Trost gegen das innere Elend. Du hast über deine Verhältnisse gelebt.

Ich habe im Krankenhaus deine leeren Augen gesehen. Ich weiß, daß du mich gebraucht hast zum Kampf gegen die entsetzliche Ernüchterung, um nicht selbst nach Hilfe rufen zu müssen. Ich war dein konkretes Elend, trotz Mutterkreuz deine sichtbare Strafe. Du hast mich, solange ich in deiner Nähe war, zum stummen Schreien gebracht, um selbst nicht zu schreien. Wir hätten dich auch nicht verstanden: schreiend.

Du hast dein frühes Elend in Jubelschreie verwandelt. Ich sehe die Taumelbilder heute anders: die hochgereckten Arme der Frauen, wenn der Führer redet oder vorbeifährt; die offenen Münder, die verklärten Augen: »Erlöse uns von dem Übel und schenke uns Schauer aus Wonne und Ganzheit. Wenn du es willst, muß auch Vernichtung sein, das Böse muß ja irgendwo sitzen und ausgetreten werden, und Mitleid ist da ganz falsch am Platz.« Ich verliere die Spur. Ich will euch nicht entlasten für das Schmarotzen und Morden, nur weil ich auf einmal dein Kinderelend vor mir sehe. Aber ich finde Zugang zu dir, und ein spätes Mitleid unterspült den Haß. Vielleicht gibst du mit all deiner großartigen und zerstörerischen Kraft, die so gewaltig und brutal, aber vielleicht auch nur todesverzweifelt war, erst Ruhe in mir, wenn du verstanden bist. Die deutsche Mutter und ihr letztes Kind: Es sieht dich, und du schrumpfst. Als Hitler verloren hatte, war ich auch verloren, kaum sechsjährig. Damit es dir besser ging, wollte ich beten, daß er zurückkehrt. Laß uns das Mutterkreuz gemeinsam begraben, es hat uns beide vergiftet. Liebe Mutter, leb' wohl.

*

Wochen später kam, nach großer Spannung und Unruhe, ganz unerwartet ihr Antwortbrief aus meinem Inneren, der ihr Bild noch einmal veränderte:
»Liebe Barbara, nun hast du es also doch geschafft, und ich werde zu dir sprechen. So war es immer, du hast erreicht, was du dir in den Kopf gesetzt hattest. Ich bin nicht fertig geworden mit dir. Du hast mir mehr Mühe, Arbeit und Sorgen gemacht als die drei anderen Kinder zusammen. Ich hatte oft Angst vor dir und habe mir dann, wie zum Trost, ein Leben ohne dich vorgestellt, ohne die unerwartete Schwangerschaft im Krieg, die doch zuerst wie eine Verheißung war. Über diese Todeswünsche, die mich auch in Schuld stürzten, habe ich nie mit jemandem gesprochen, natürlich auch nicht mit deinem Vater, der an dir hing. Er hat dich später immer vor mir in Schutz genommen, als er heimgekehrt war. Aber

tagsüber konnte er nicht eingreifen in unsere Kämpfe. ›Ach Frau‹, hat er gesagt, wenn du dich wie ein Teufel aufgeführt hattest, ›ach Frau, unser kleines Mädchen‹, und ich hätte dich dann erst recht an die Wand knallen mögen. Du mußt das gespürt haben. Während die anderen mir aus der Hand gefressen haben, hast du hineingespuckt und trotzdem immer wieder um mich geworben.
Das schlimmste waren deine vielen Fragen. Dir die auszutreiben, war harte Arbeit. Es muß doch auch für dich schlimm gewesen sein, alles wissen und verstehen zu wollen. Daß du die Männer im Keller verraten hast, war ein Unglück für uns alle. Verziehen habe ich dir das nie. Aber es hätte dich nicht so quälen und dein Leben überschatten müssen, wie du mir es so spät deutlich gemacht hast. Das tut mir leid. Du hattest ein vorwitziges Plappermaul und brachtest uns alle in Todesgefahr damit, und der Tod hat Ernte gehalten nach jenem schlimmen Tag. Wenn deine Freunde sagen, die Erwachsenen in jenem Laden hätten ja dein Kindergerede hören können, aber nicht weitertragen müssen, haben sie recht. Warum mußte daraus eine Meldung, eine Denunziation werden? Die galt wohl mir und Wieneke. Der Haß auf die Juden war noch auf das Kriegsende hin zu groß, sie mußten noch immer Schuld an allem haben. Ich sollte ja auch abgeholt werden. Die Männer vom Mittagstisch haben uns gerettet, neben meinen Lügen, die manches geradebogen. Unser plötzlicher Aufbruch wurde als Evakuierung gedeutet: weil du sonst durchdrehen würdest bei weiteren Bomben-

angriffen. Nachts hast du wirklich nicht mehr gut geschlafen nach jenem rasenden Aufbruch in den Bunker, bei dem ich dich verlor, du hast nachts geschrien und getobt und im Bunker die Leute verrückt gemacht. Und deine Feindschaft zu den dunklen Männern war unerträglich geworden. Deine kleine Stirn schwoll an vor Zorn, wenn dich einer nur ansprach. Du schriest nach dem Vater und fingst an zu schlagen und zu treten. Einmal hast du mir mein Kleid mit Spinat vollgespuckt, als die Männer schon klingelten. Ich konnte mich nicht mehr säubern, mußte die Tür öffnen und habe mich so geschämt. Verprügelt habe ich dich später.
Ich habe dich über Mittag oft zu Wieneke gebracht, und da hast du alles rausgekriegt, was wir doch verheimlichen wollten, besonders vor dir.
Aber daß du bis heute an den Ereignissen von damals leidest, habe ich nicht gewußt und hätte es mir so auch nicht vorstellen können und wollen. Das hätte ich dir nie gewünscht, und das tut mir leid. Ich mag nicht das Schreckgespenst deiner Träume sein. Ich glaubte immer, Kinder kriegen vieles nicht mit. Die älteren haben jedenfalls vieles nicht gemerkt, oder sie haben mitgespielt, als ob der Boden fest wäre, auf dem wir stehen. Und durch ihr begeistertes Mitspielen haben sie auch den Boden unter meinen Füßen sicherer gemacht. Das Führerleuchten in ihren Augen war auch mein Halt. Daß deine Schwierigkeiten keine Bosheiten, ja Teufeleien sein könnten, sondern Folgen deiner inneren Lage, das habe ich nicht geahnt. Ich dachte manchmal, du seist von Grund

auf böse. So muß ich jetzt umdenken und mich an den Gedanken gewöhnen, dir Unrecht getan zu haben.
Auf Hitler und seine Leute hatte ich alle Hoffnung gesetzt. Ich wollte raus aus unserer Armut, weg aus dem Hafenviertel, um jeden Preis. Die Armut, die stinkenden Knochenberge der Leim- und Seifenfabrik, der widerliche Geruch, drei Kinder und wieder schwanger, ich habe an manchen Tagen ja nur noch gekotzt. Die Wohnung am Markt war die Erlösung, ein Paradies, endlich eine gute Adresse. Eine Judenwohnung? Na und? Sie sollten ohnehin verschwinden. Mein Elternhaus haben die uns doch auch abgegaunert, so jedenfalls wurde es mir erzählt. Einen Satz Töpfe konnten die sich noch kaufen von dem Geld für den Hof. Und wir, haben wir Juden getötet? Nicht einmal vertrieben haben wir sie. Die Wohnung stand leer. Ich kann keine Schuld fühlen, und würde ichs tun, dann wäre sie zu groß, ich könnte sie nicht ertragen. Und durch den Mittagstisch für Gestapo und SS war immer genug zu Essen da, für euch, auch wenn du es nicht gewollt hast: als ob es vergiftet gewesen wäre. Sag nur nicht, ich hätte kein Gewissen gehabt. Jeden Tag habe ich Wieneke und seinen heimlichen Kellergästen Essen geliefert und den Versteckten manchmal ein Buch, Seife oder ein Handtuch mitgebracht. Warum? Ich weiß es nicht. Ich habe meine frühere Herrschaft bewundert und vor Neid gehaßt. Die Versteckten stanken in ihrem Keller. Offiziell habe ich Wieneke versorgt. Wo war mein Unrecht? Daß ich mich für

Hitler begeistert habe? Uns ist es nie besser gegangen als unter ihm. Dein Vater hat unter seiner späten Begeisterung seine Angst behalten, es könne alles schiefgehen.
Dein Wissensdrang war furchtbar. Du warst mein schlechtes Gewissen, ich habe dich gehaßt. Mit dir ging gar nichts einen ruhigen Gang, du warst die Wunde der Familie. Aber ich habe dich auch geliebt. Wenn du gesungen hast, schloß sich die Wunde, du konntest wunderschön singen. Ich weiß, wir haben die Lieder verschieden verstanden. Aber wenn sie erklangen, war die Welt für einige Minuten heil. Wenn ich krank war, und ich war schon krank, als du noch sehr klein warst, wolltest du bei mir sitzen, singen und Geschichten erzählen. Du hast dich hinter den Vorhängen versteckt, damit dich die Geschwister nicht wegschickten, weil ich Ruhe haben sollte. Das war unser kleines Geheimnis. Du hast mit meinen Haaren gespielt. Dann war Frieden zwischen uns und um uns herum. Ich wußte nicht, daß Hitler, sein Judenhaß und sein Krieg dir schon das Leben verdarben, als du noch mit den Puppen geredet hast und mit dem steinernen Mann auf dem Kirchendach. Das haben mir die anderen Kinder erzählt. An dieses Geheimnis habe ich nie gerührt. Sie haben mit dem Bild des Führers geredet und für ihn, manchmal zu ihm gebetet. Sie wollten stark sein für ihn. Du hast ihn schon früh verraten, gingst in eine andere Welt. Manchmal habe ich dich beneidet, weil du mir noch zu klein schienst, um das kommende Elend zu ahnen. Die Großen wurden unruhig, haben manchmal

durchgedreht, als der Krieg unaufhaltsam zu Ende ging. Wir konnten nicht darüber reden, die Begeisterung, die uns verbunden hatte, zersetzte sich. Dein Bruder glaubte an die Wunderwaffen. In uns anderen stieg die Angst. Die Evakuierung war wie eine vorweggenommene Strafe, aber sie hat mich auch beruhigt. Und doch konnte ich dir nicht verzeihen.

Du warst nicht zu bändigen, aber das Schlimme war: du hast recht behalten mit deinem Nein zu unserem Bühnenstück, mit dem du alles verraten hast. Dich in den Arm zu nehmen in deiner Bosheit, hätte, so dachten wir, alles nur noch schlimmer gemacht. Du warst schwer zu lieben, mein liebes Kind, und daß dich noch heute die Angst vor der Last jener Jahre überschwemmt, mußt du mit dir und Gott ausmachen, wenn du einen hast. Ich wünsche es dir. Mit Jesus haben wir Eltern überlebt. Ich habe mich nicht einmal mehr zu fragen gewagt, ob es ihn gibt. Wir brauchten Trost und haben nicht mehr darüber nachgedacht, wo die wirklichen Opfer geblieben sind. Man kann sich nicht dauernd schämen. Das Gewissen hatte keine klare Stimme. Wir haben uns in Schweigen gehüllt. So tief Unrecht gehabt und getan zu haben, ist unerträglich. Man redet sich heraus und hadert mit der Strafe.

Mein liebes Kind, es ist ein langer Brief geworden, und ich bin müde, sehr müde. Mein Tod kam zu früh. Ich habe mein Leben ohne jede Erfüllung beendet, die ich mir so gewünscht hätte. Mit dem Einzug in die große Wohnung verschwand dein Vater in den

Krieg. Tanzen, lachen und fröhlich sein, einmal ohne Angst leben, es war mir und uns nicht vergönnt. Einmal ohne Sorgen und Bedrückung leben! Ich habe so vieles falsch gemacht und wünsche mir, daß mein früher Tod als ein Stück Sühne anerkannt wird. Ich möchte ruhen dürfen, nicht dich heimsuchen müssen in deinen Träumen. Entlasse mich aus ihnen. Vergib mir den Teil der Schuld, den ich dir gegenüber trage. Ich kann dir den deinen vergeben, obwohl ich einst glaubte, ich könnte dir nie verzeihen. Gedenke der Opfer auch für mich, wenn du dazu fähig bist. All unser Gedenken blieb im Kampf ums Überleben hängen. Dieser Kampf war so anders als der, den Hitler gepredigt hat. Es tut mir leid, daß ich dich verwünschte, als dein erster Freund ein Jude war. Mir erschien es wie eine späte Teufelei. Als wolltest du mit Absicht auf unseren Wunden herumtrampeln. Und doch habe ich dich heimlich bewundert. Du trautest dich ins Fremde, du hattest keine Angst, daß dich ein Ungeheuer verschlingt. Ich dachte, du beschmutzt uns, aber spät sah ich, daß du nach einer Reinigung gesucht hast. Ich bitte dich um Vergebung für meine Schadenfreude, als die Beziehung in die Brüche ging. Ich bitte dich um Vergebung, daß ich die Geschwister nicht zurückhielt von ihren Schmähungen; daß ich es zuließ, daß sie den Kontakt zu dir abbrachen.

Wenn ich dich zu sehr um Verzeihung bitten muß, kommt die alte Wut hoch. Ich will nicht so tief im Unrecht sein, wie du es mir manchmal vorgeworfen hast. Zu viel Schuld macht erneut mörderisch. Des-

halb ist es so wichtig, daß du mir verzeihst, so wie ich dir. Mutter.«

*

Mit diesem Brief konnte ich einigermaßen leben, ich dachte, alles hat sich beruhigt, ich weiß sehr viel mehr und leide weniger. Dann stürzte ich auf der Straße, und die Szene auf dem Weg zum Bunker war sofort wieder in mir wirksam: die nahenden Flieger, die brennenden Häuser, die weghastende Mutter, die Panik des Alleinseins, die von den Männern nicht gemildert wird, die mich retten. Jetzt sind die Nächte wieder unruhig, das Entsetzen macht sich wieder breit in mir, ich gehe nicht mehr unter Menschen. Und dann fällt mir der Anmeldebogen der Eltern für die große Wohnung in die Hände. Ich zittere, als ich das Datum entziffere, 8.11.38, weiß aber noch nicht warum. Mit Freunden entschlüssele ich die Bedeutung des Tages, und die Kraft-durch-Freude-Unschuld der Eltern am Tag der Reichspogromnacht ist dahin. Vielleicht waren sie ja in den norwegischen Fjorden, aber nicht zu dem von ihnen genannten Datum jener Nacht, über die sie sich aus weiter Ferne geschämt haben wollen. Der Tag des Einzugs ist der 8. November, am Tag darauf brannte auch in unserer Stadt die Synagoge, und vom Fenster der neuen Wohnung aus mußte man das Zersplittern der Schaufenster sehen und hören, auf die man von der Fensterfront unserer Wohnung schaute, sobald man hinaussah.

Vom übernächsten Tag gibt es die Bilder der von den

Nazis organisierten Kundgebung auf dem Platz, und so bleibt mir aus jenen Tagen nur die Gewißheit, daß die Mutter mich an diesem Datum im sechsten Monat in sich trug. Sie mag mich mit Stolz getragen haben, die Polen waren besiegt, der Führer im Zenit seiner Macht. Und doch müßte den Eltern klargeworden sein, was den Juden bevorstand, und daß die Okkupation der Wohnung vielleicht ein Faktum war, hinter dem eine noch nicht zu benennende Angst sich einnistete. Diese Angst war ein Antrieb zu höchster Konformität und der fanatischen Hitlerverehrung, aber wohl auch der Antrieb für die heimliche Reparatur des Gewissens durch die Essensreste für die Juden im Keller. Jetzt weiß ich, daß die Eltern Wissende, zumindest Ahnende waren, und der Schatten liegt wie seit Jahren über mir. Der Sog der Geschichte hat mich wieder, ich glaubte ihm gerade zu entkommen, nach Jahren der Arbeit. Aber es darf doch nicht alles noch einmal von vorne beginnen. Ich brauche Ruhe, Ruhe am Rande des Strudels, der mich mit immer neuen Drehungen hinabzureißen droht. Aber wie macht man das, Ruhe finden bei einer Gratwanderung mit dem steten Blick in den Abgrund?